Die Herausgeber
und Dozenten des MANUSKRIPTUM-Kurses 2007/08:

Thomas Lang lebt als freier Autor in München.
Er schreibt hauptsächlich Prosa. 2005 erhielt Lang den renommierten Ingeborg-Bachmann-Preis für „Am Seil".
Zuletzt erschien von ihm der Roman „Unter Paaren".

Christiane Schmidt lebt in München und Hamburg. Sie arbeitet als Cheflektorin beim Hoffmann und Campe Verlag.

ISBN 978-3-926163-53-0

Grafische Konzeption, Satz und Herstellung:
Verlag Lutz Garnies, Haar / München
Covergestaltung: Josef Straßer, München
Druck und Bindung: GGP Media GmbH, Pößneck
Printed in Germany

www.vlg.de

FÜNF VON ZWÖLF

GESCHICHTEN JUNGER MÜNCHNER AUTOREN

HERAUSGEGEBEN VON THOMAS LANG UND CHRISTIANE SCHMIDT

VORWORT

VON THOMAS LANG

Denken wir an den Schriftsteller, so haben wir bis heute schnell ein Bild des einsamen Arbeiters vor Augen. Sei es als armer Poet, der sein Bett auch zur Schreibstatt macht, sei es als Großschriftsteller, der sich am Morgen in sein Zimmer zurückzieht und sich Kinder wie Korrespondenz durch Ehefrau und Dienstpersonal vom Leib halten lässt. Dieses Klischee trügt (und es hat, wie ich glaube, schon immer getrogen).

Literarisches Schreiben ist vielmehr ein kommunikativer Akt. Texte brauchen schon während der Produktion Resonanz, einen geschützten Raum, in dem sich das gerade entstehende, vielleicht noch in viele Richtungen offene, manchmal vom Absturz bedrohte Unfertige von allen Seiten begutachten lässt. Textorientierte Kritik, das mutige Aufzeigen von Schwächen, die man selbst oft nicht erkennt, sind vielen Autoren eine wichtige Hilfe. Das wollten wir auch unseren »Manuskriptlern« vermitteln.

In der zweisemestrigen Werkstatt gab es manchmal den Wunsch nach konkreten Anleitungen – gewissermaßen Tipps und Tricks fürs Schreiben. Die wesentliche Arbeit am Text ist jedoch immer auch eine Arbeit an sich selbst, eine fortlaufende Aus-

einandersetzung mit dem eigenen Verhältnis zur Welt, den Vorlieben und Abneigungen, den vielen blinden Flecken, dem Festgesetzten, das es zu lösen gilt, um es den Lesern, um es der Welt mitzuteilen. Einen eigenen Ton zu finden, zu klären, warum der eigene Text vor dem einen Hindernis verweigert und über das andere lässig hinwegsetzt, mögliche Wege zu entdecken, die sich doch jeder selbst bahnen muss – dabei versuchten wir unseren Manuskriptlern zu helfen.
Aus diesem Grund bin ich froh, dass wir in dem vorliegenden Band ein breites Spektrum an Prosatexten versammeln konnten. Die Schreibansätze reichen vom empathischen, an existenziellen Lebenssituationen sich entzündenden Text bis zur Satire, von der gesellschaftskritischen bis zur elegisch-epischen Erzählung.
»5 von 12« – kurze, im nicht wörtlichen Sinne Fünf-Minuten-Texte von zwölf jungen Autoren – spielt natürlich auf das sprichwörtliche »5 vor 12« an, den Moment der Entscheidung, die letzte Gelegenheit zum Handeln, das zu Rettung oder Katastrophe führt. Dieser Moment ist auf die ein oder andere Art den meisten Geschichten eingeschrieben. Von diesem Punkt aus vermögen sie uns zu bewegen.

Irgendwann klopfte es an. Es klopfte von innen gegen die Schädeldecke. Das war dann der Text, der nach draußen wollte.

KATRIN BAUMER, geboren 1985 in Kösching, lebt in München und studiert an der Ludwig-Maximilians-Universität Germanistik und Geschichte. 2007 wirkte sie als hospitierende Regieassistentin bei der Inszenierung des Stückes »Dogville« von Lars von Trier am Stadttheater Ingolstadt mit. 2008 Tagessiegerin beim Haidhauser Werkstattpreis.

SEKUNDEN IN DER WARTESCHLEIFE

VON KATRIN BAUMER

»Unsere Herzen sind grau«, antwortete Maren, als July sie fragte: »Und die Liebe?« »Es ist eine Eigenart des Menschen, alles in Worten zu ertränken. Über die Liebe spricht man nicht.«

Mit Worten hatte er ihren Körper in den Raum geschrieben, dort blieb er stehen, bis er in tausend Teile zersprang und mit ihm ihr Lachen. Mit Worten erschuf er sie, ihr Selbst in den Zeilen. Er zerstörte sie, wie er sie geschaffen hatte, mit seinen Worten auf Papier oder haltlos in der Luft schwebend. Jede Kurve ihres Körpers beschrieb er, ihre Seele, ihr Herz. Er gab ihren Träumen Gestalt.

»Sieh es dir an«, flüsterte sie, sie verbarg nichts, sie verbarg alles. »Ich bin völlig dein.«

Er begriff nicht.

Seine Schwester wollte sie sein, Freundin und Vertraute, seine Geliebte wollte sie sein, weil er es war, der ihr die Form gegeben hatte. Sie wollte ihn halten. Gehalten werden wollte sie, berührt werden wollte sie und berühren. Sie wollte ihn berühren, um sich zu vergewissern, dass es sie berührte, um ihrer Erinnerung Formen zu geben. Letzten Endes wurde sie zu einem Schatten, weil sie an sich scheiterte und es sich nicht eingestehen konnte. Sie wurde zu seinem Schatten, und sie blieb bei ihm, bis er sie zerbrechen ließ.

»Irgendwo auf der Strecke von ihm zu dir hast du dich verloren, nicht wahr?«, fragte July.

Im Juli brennt die Sonne die schlechten Gedanken aus unseren Sinnen. Im Juli sehen wir, dass das Leben lacht. Wir lieben das Leben und die Liebe im Juli. Wenn wir bis Juli durchhalten, wird alles gut.

»Es wird alles gut«, sagte July, aber Maren reagierte nicht.

»Soll ich bei dir bleiben?«

Maren reagierte nicht, starrte auf die Tischplatte.

»Ich bleibe bei dir, wenn du willst.«

»Wenn ich will...«, murmelte Maren. Dann weinte sie.

»Wir sollten nach draußen gehen«, sagte July. »Es regnet, aber Regen wäscht alte Sorgen weg. Lass es hinter dir. Lass es endlich hinter dir.«

»Ich liebe dich, wenn du es willst.« Zu diesem Zeitpunkt gab es längst kein Wollen mehr für sie, sie wollte, was er wollte, fühlte, wie er fühlte, litt, weil er litt. Er sprach die Worte ins Leere, und sie schmolzen sofort, genau wie die Worte brüchig wurden, von denen sie in den Raum gezeichnet worden war.

Sie weinte nicht, kein Regen sollte ihr Glück trüben, sie weinte nicht, sie lächelte. Sie sagte nichts, sie lächelte und spürte, wie ihr Herz sich zusammenzog, und tat nichts, sondern lächelte, kein Regen.
»Willst du, dass ich dich liebe?«, fragte er.
Sie lächelte und nickte.
»Liebst du mich?«, fragte er.
»Wenn du es willst ...«
»Hast du denn überhaupt noch irgendein Gefühl in dir?«
»Ich weiß es nicht.«
Sie wollte nicht reden, konnte nicht reden, nur nicht zu weit in die Tiefe gehen. Der Boden, auf dem sie sich bewegten, viel zu dünn. Nur nicht zu weit in die Tiefe gehen.

»Soll ich bei dir bleiben?«, fragte July.
»Ich weiß es nicht.«
»Kannst du dich denn nicht einfach zusammenreißen?«
»Ich weiß es nicht. Gib mir ein Thema, und ich schreibe dir, was du möchtest. Gib mir irgendein Problem, und ich reiße mich zusammen, um mich neu zu definieren. Ich habe meine Rollen verlernt. Er hat sie mir gestohlen, ich habe versucht zu spielen und die

Figuren wild durcheinandergeworfen, bis ich keine Ahnung mehr hatte, was ich sagen sollte.«

»Denk an den Sommer«, sagte July. »Der Sommer ist dein Thema.«

»Im Juli brennt die Sonne die schlechten Gedanken aus unseren Sinnen. Im Juli sehen wir, dass das Leben lacht. Wir lieben das Leben und die Liebe im Juli. Wenn wir bis Juli durchhalten, wird alles gut«, schrieb Maren.

»Und jetzt zieh deinen Mantel an«, sagte July, »wir lassen den Wind mit unseren Haaren spielen, er vertreibt die schlechten Gedanken, und der Regen ...«

Im Juli wird der Tag von der Sonne begrüßt, und wir ziehen die Vorhänge zurück, um sie ins Zimmer zu lassen. Wir stehen auf mit einem Lächeln auf den Lippen und strecken uns nach durchwachten Nächten mit einem wohligen Seufzen, Nächten mit Wein und Zigaretten und bedeutungsvollen Worten. Die Zukunft scheint uns mit offenen Armen zu erwarten. Die Welt gehört uns, im Juli, mit allem, was sie zu bieten hat.

Hätte ich nur noch einen einzigen Juli mit ihm, ich würde zu mir zurückfinden.

Sie gingen nach draußen. Maren sperrte die Tür ab, als würde sie niemals zurückkommen, der letzte

Sommer zum Greifen nah in ihren Gedanken, der Sommer mit ihm.
»Welche Rolle soll ich spielen? Ich kann alles sein, was du willst.«
Er schüttelte fassungslos den Kopf. »Wie wäre es, wenn du du selbst wärst?«
»Und wenn es dir nicht gefällt, was du siehst?« Sie merkte, dass sie vergessen hatte, wer sie gewesen war, also spielte sie einen billigen Abklatsch ihrer eigenen Person.
»Gibt es denn gar nichts, was du magst?«
Sie zuckte nur hilflos mit den Schultern. »Ich mag, was du magst. Ich gehe dahin, wo du hin gehst.«
»Das hat mit Selbstachtung nichts mehr zu tun«, sagte er.
»Das hat mit Selbstachtung nichts mehr zu tun«, sagte July.
Sie liefen durch den Regen ohne Schirm.
Im Juli fuhren wir hin, wohin wir wollten, er und ich. Wir flohen vor dem Alltag, wir flohen vor der Zeit, wir flohen vor der Wirklichkeit und vor der Leere.
»Ich liebe dich«, sagte ich. »Ich liebe dich.« In mir unendliche Zärtlichkeit. Ich wollte ihn berühren, immerzu. In mir unendliche Trauer, ich wusste, wir würden uns nicht halten können.

Nächtelang liebten wir uns in billigen Absteigen, wir liebten uns auf muffigen Matratzen. Es war Juli, als ich sagen konnte: »Ich liebe dich«, ohne Anstrengung, ohne Schmerz. Er schrieb, und ich betrachtete ihn, während er schrieb, hätte ihn stundenlang betrachten können, auf steinernen Treppenstufen, auf Parkbänken mit abblätternder Farbe, im warmen Sand während die Wellen im Hintergrund eine sanfte Geräuschkulisse bildeten. Ich fotografierte ihn, wie er schrieb, im Profil, ich tapezierte meine Wände mit seinen Fotos. Nachts liebten wir uns im Sand, dort, wo er tagsüber geschrieben hatte, ich nahm seine Worte in mich auf wie eine zarte Melodie.

Kaffee aus billigen Pappbechern. »Bleib bei mir July.«
»Ich bin doch da«, erwiderte sie. »Sei nicht so traurig.«
»Aber wie lange noch?«
Ohne July schien der Himmel trüber. Lass uns abends tanzen gehen. Lass uns den Sonnenaufgang abwarten, mit einer Flasche Sekt den Tag begrüßen. Heute schlafen wir nicht. Die Grenzen zwischen Tag und Nacht nicht mehr definierbar, verschwommen. Im Juli sagte July zu mir: »Aber du musst doch irgendwohin wollen!« Ich wollte nicht. Was

ich wollte, war, dass er bei mir blieb. Sekunden in der Warteschleife, im Juli können wir zum Stillstand kommen. Wir können entspannt auf das Leben blicken, wer erwartet schon von uns, etwas Sinnvolles zu tun? Wir trugen luftige Sommerkleider. Vielleicht brauchte ich July irgendwann mehr als ihn, aber ich versteckte es hinter einem Lächeln, so wie ich vor ihm versteckte, dass ich litt. Zu dieser Zeit war der Sommer bereits vorbei.

»Du siehst besser aus als vorher.« July blickte forschend in Marens Gesicht.

»Vorher hätte ich fast den Verstand verloren«, entgegnete diese leise. »Ich habe geglaubt, keinen klaren Gedanken mehr fassen zu können, wenn er ihn mir nicht vorgibt.«

»Und jetzt?«

»Ich bin ein eigenständig denkender Mensch, nicht wahr?«

»Das bist du.«

»Weißt du, seine Worte waren wie ein weiter, leichter Rock aus Seide, und wenn ich mich drehte, schwang er um meine Beine. Das fühlte sich gut an. Seine Worte wie ein Instrument, eine Violine, auf der ich spielte, aber er war der Virtuose, er war es, der mich lenkte.«

July kaute nachdenklich an ihrer Unterlippe und sagte: »Du hast ihn geliebt.«
Maren nickte. »Eine Zeitlang. Ich glaube, dann ist es irgendwie aus den Fugen geraten.«
»Das nennt man Selbstaufgabe.«
»Vielleicht heißt es so.«
Sie liefen durch den Regen. Völlig durchnässt. Aus ihren Haaren und Kleidern tropfte das Wasser.
»Ich wollte alles richtig machen, weil ich gemerkt habe, dass es zu Ende geht ...« Maren presste ihr linkes Handgelenk an ihre Stirn und schloss die Augen. »Ich konnte den Gedanken nicht ertragen, dass es zu Ende geht!«
Wenn sie lachte, schloss sie die Augen, um die Trauer darin zu verbergen. Ihr Lachen reichte nicht mehr bis zu den Augen, das wusste sie. Sie lachte zu oft. Schlafen konnte sie längst nicht mehr, also lauschte sie seinen ruhigen Atemzügen, er drehte sich weg von ihr, sie drehte sich weg von ihm. Sie drehte sich hin zu ihm. Sie strecke die Hand aus. Sie zog die Hand zurück. Sie streckte die Hand aus und streichelte sacht seinen Nacken, fuhr mit den Fingerspitzen die Wirbelsäule entlang. Sie schloss die Augen und atmete seinen Geruch ein, seit sie ihn kannte der gleiche Duft, den sie liebte. Sie

vergrub die Zähne in ihrer Hand, um nicht aufzuschreien. Sie drehte sich weg von ihm.
»Gehen wir heute tanzen? Ich möchte tanzen wie im Sommer. Ich möchte mir den Verstand aus dem Kopf trinken, ich will aufhören zu denken.«
Wir fuhren mit dem Gefühl, niemals anzukommen, so ungeduldig waren wir. Draußen strahlender Sonnenschein, wir waren abgeschottet davon. Frühmorgens hätten wir losfahren sollen, dann würden wir nun durch die Straßen schlendern.
Im Sommer fühlen wir uns frei, im Sommer fühlen wir uns schwerelos.

Ihn zu verlieren – das war nicht so schlimm wie erwartet. Sie hatte damit gerechnet, von vornherein. Sie hatte damit gerechnet, sie ist nicht naiv. Schlimm wurde es erst später, als die Erinnerungen mit dem Schmerz kamen. »Ich fasse es nicht, wie scheißegal ich dir bin!«, hatte sie ihn irgendwann angeschrien. »Du siehst überhaupt nicht, was ich für dich mache, was ich für dich aufgebe! Du nimmst alles an, aber du siehst mich nicht! Warum siehst du mich nicht?«
In dieser Nacht hatte er sie in die Arme genommen und geliebt wie lange nicht mehr. Sie glaubte, die Worte zu spüren: Ich liebe dich.

»Maren, du musst dich wichtiger nehmen«, hatte er gesagt, bevor sie eingeschlafen war.
»Maren, du nimmst dich zu wichtig«, sagte July irgendwann zu ihr.
»Wir sollten es einfach tun, July.« Maren blieb stehen. Der Regen tropfte aus ihren Haaren.
»Was sollten wir tun?«
»Wir sollten wegfahren!«
»Es ist nicht Sommer ...«
»Das ist doch egal!«
Wieso willst du unbedingt weg von hier?
Ich möchte ... ich möchte ... nicht von hier, sondern weg von den Erinnerungen an ihn. Weg von den Orten, an denen wir gewesen sind, weg von den Menschen, die wir kannten ...
Die Worte blieben unausgesprochen.
»Aber das bringt nichts! Ich verspreche dir ...«
»Versprich nicht Dinge, die du nicht halten kannst.«
Der nächste Tag war sonnig und warm. Keine Spur mehr von Regen. Irgendwann trafen sie sich, frühstückten gemeinsam und fuhren zum Bahnhof. Die Sonne legte verstohlen ein Gefühl von Sommer in ihre Sinne.
Sie blickten auf die vorbeiziehenden Bäume und Häuser und Berge. Jeder Meter der Entfernung sollte Erleichterung bringen, aber er brachte auch verhäng-

nisvolle, schwere Gedanken an die Vergangenheit mit sich. Gedanken, die man besser vergaß.
Lass es endlich hinter dir ...

»Kannst du nicht wenigstens so tun, als wärst du glücklich?« Er hatte ihre Kamera aufgehoben, blies den Sand darauf weg und betrachtete sie durch die Linse. Es war ihr unangenehm. Das Auge der Kamera auf sie gerichtet, am Strand, totes Glas, ein verunsichertes Lächeln, die Hände verkrampft.
»Ich will, dass du tanzt! Du tanzt, weil du dich frei fühlst, weil du jung bist. Wir sind jung. Ich will, dass du singst und lachst. Ich möchte sagen können: Sie ist glücklich. Warum schaffe ich es nicht, dich glücklich zu machen?«
Durch die Linse verfolgte er mit, wie sie sich zur Seite drehte. »Das kann ein anderer nie«, murmelte sie. »Ich bin glücklich.«
»Warum bist du so nervös?«, sagte er.
Ein flüchtiger Blick in seine Richtung. »Sei doch still.«
July und Maren schlugen die Fensterläden zurück und setzten sich auf den Sims. Niemand konnte sie sehen, sie sahen alle.
Dich zu verlassen, July, war der größte Verrat, den ich je begangen habe.

»Schreib über den Sommer«, hast du gesagt. Ich hatte Angst, verstehst du? Wenn ich Angst habe, laufe ich weg. Das ist menschlich. Ich weiß, dass du mich dafür verachten wirst, aber wenn ich es nicht getan hätte, hättest du es getan, früher oder später. Wir saßen auf dem Fenstersims und waren ganz still. In unseren Herzen Musik. Wir ließen die Sonne unsere Sorgen wärmen.
Du hast geschlafen, als ich dich verließ. Ich habe auch geschlafen, hatte das Gefühl, nie mehr richtig aufzuwachen. Feige habe ich mich aus dem Staub gemacht, weil ich es nicht geschafft hätte, dir in die Augen zu blicken. In diesem Moment hättest du meine Seele gesehen.« Maren zerriss die Seiten. Kein Sommer, das hier hatte nichts mit dem Sommer zu tun.

»Wir schließen uns ein in Sätzen, die wir sinnlos aneinanderreihen. Die Wahrheit ist unwichtig geworden.« Als er das zu ihr sagte, weinte sie, weil sie wusste, dass es aus war. Seine Lippen waren kalt; sie begann zu zittern.
Wir kommen niemals an.
Im Schlaf betrügen sich Liebende, entgleiten einander. Kein Gefühl übrig. Auch wenn man nebeneinander liegt, ist man im Schlaf allein. Das unerträgliche

Gefühl von Einsamkeit breitet sich aus, wenn einer schläft, der andere nicht. Wir betrügen uns im Schlaf, in unseren Träumen und sind nicht schuld. Wir können nicht anders, als uns schuldig zu fühlen.
Eng umschlungen schliefen sie ein und erwachten Rücken an Rücken, als könnten sie es nicht ertragen, den anderen anzusehen. Die Sonne schien, und er öffnete das Fenster. Die Sonne vertrieb den bitteren Geschmack, der ihnen auf der Zunge lag, die betretenen Gefühle, die noch in der Luft hingen.
Dich zu verlassen, July, war im Nachhinein richtig. »Lass es hinter dir«, hast du gesagt und das habe ich getan.
Auch ihn hätte sie verlassen sollen, bevor er es tat. Sie hat es nicht über sich gebracht. Sie wollte sagen: Das alles hat doch keinen Sinn mehr, und sagte nichts.
»Du sprichst nicht mehr von ihm«, sagte July.
Marens Blick wanderte unruhig umher. »Wenn ich von ihm spreche, wenn ich seinen Namen ausspreche, das macht mich kaputt. Ich möchte vergessen. Der Zug fährt nach Paris, nicht wahr? Gerade die Stadt der Liebe!«
July lachte. »Genau das Richtige für uns.«
»Er sagte einmal, Paris sei nichts für Liebende. Er würde nur allein dorthin fahren wollen.«

»Jetzt erinnerst du dich wieder. Tut mir leid, das ist meine Schuld.«

»Vielleicht ist es gut, sich zu erinnern.«

Sie schwiegen und blickten aus dem Fenster. Sie hörten Musik. July schloss die Augen. Maren trank einen Schluck Wasser. Ihre Tickets wurden kontrolliert. July öffnete die Augen und summte leise vor sich hin. Schließlich sagte Maren: »Einmal musterte er mich von oben bis unten und meinte: ›Weißt du noch, Paris, mon amour?‹ Ich sagte ›Wir waren nie gemeinsam in Paris.‹ Und er nickte und erwiderte: ›Das ist auch gut so.‹ Ich habe nie verstanden, was das heißen sollte.«

July schüttelte den Kopf. »Das muss man nicht verstehen. Manche Sätze werden nicht ausgesprochen, um verstanden zu werden.«

Im Sommer waren wir glücklich. Wie oft ich es auch aufschreiben, es verliert nichts von seinem Gehalt. Im Sommer waren wir glücklich. Es störte mich nicht richtig, wenn er nicht allein nach Hause kam. Oft blieb ich am Tisch sitzen, die ganze Nacht, und hörte ihnen zu. Die Türen unserer Wohnung waren hellhörig.

Auch das war im Sommer. Aber wenn ich nach draußen blickte, schien die Sonne, wenn ich die Tür zum Schlafzimmer öffnete, schien die Sonne auf die zer-

wühlten, weißen Laken; er lag irgendwo dazwischen, kein Mann, der mich hintergehen würde. Meistens blinzelte er nach einer Weile, sagte lächelnd: »Guten Morgen«, streckte die Hand nach mir aus und zog mich zu sich auf das Bett, wo er mich zärtlich umarmte.
Nur einmal blickte er mich lange schweigend an, bevor er rief: »Was ist bloß los mit dir! Macht es dir nichts aus? Wirklich nicht? Warum weinst du nicht? Warum wehrst du dich nicht endlich?«
Ich zuckte hilflos mit den Schultern. »Ich weiß es nicht.«
Der Sommer war vorbei, keine Sonne mehr morgens, die Laken wirkten grau.
Manchmal rüttelte sie ihn wach, wenn er eingeschlafen war. Ihr Gesicht angstverzerrt.
»Wenn du schläfst, verlässt du mich!«
Sein Blick noch in Träumen verloren, musterte er sie unter halb geschlossenen Lidern, murmelte schlaftrunken etwas, das klang wie: »Wann habe ich eigentlich aufgehört, dich zu lieben?«, und drehte sich um. Sie blieb allein zurück.

Die Tasche schlug gegen Marens Beine, als sie zum Bahnsteig rannte, mit der Hand drückte sie ein Ticket zusammen.

Hoffentlich würden die Straßen regennass und glänzend sein, eine neue, frische Stadt sollte sie empfangen, sollte ihr jede Erinnerung nehmen.
»Ich hatte Angst, verstehst du ...«, hatte sie geschrieben und es zerrissen. Kein Wort des Abschieds.
Sie würde sich gern ein letztes Mal umdrehen. Vielleicht hatte July längst gemerkt, dass sie gegangen war, war aufgesprungen und ihr nachgelaufen, unsichtbaren Spuren auf dem Pflaster gefolgt, und nun stand sie schwer atmend an der Glastür, schüttelte fassungslos den Kopf und schleuderte Maren ihre Enttäuschung hinterher.
Sich umdrehen und der imaginären Person zurufen: »Versteh mich bitte!«
Würde sie sich umdrehen, würde sie wohl aus dem Takt geraten, den Zug verpassen, den Mut verlieren, würde stehen bleiben, hierbleiben, darum lief sie weiter.

Schreiben heißt für mich, den Vorsprung
der eigenen Gedanken einzuholen und
sie auf ihrer Flucht vor dem Alltäglichen
ein Stück zu begleiten, voll staunender Neugier,
wohin sie mich schließlich führen werden.

KATJA BUSCHMANN, geboren 1987 in Leisnig, studiert Dramaturgie an der Bayerischen Theaterakademie in München und Neuere Deutsche Literatur und Psychologie an der Ludwig-Maximilians-Universität.

ABGESANG AUF DAS ENTSCHWUNDENE LEBEN

VON KATJA BUSCHMANN

Schließlich, der Sommer drohte bereits zu entgleiten und sich zur schwülen Erinnerung zu verdichten, als ich mir kaum mehr anders zu helfen wusste, bin ich doch noch rausgefahren, zu Rebecca, aufs Land, in den Osten. Dahin, wo ich selber lange Zeit gewohnt hatte. Nach Hause. Dort gab es einen blühenden Garten und Luft zum Atmen, erste pralle Äpfel von schwach säuerlichem Aroma an den Bäumen und warme Bündel junger Katzen, die, inzestuösen Passionen geschuldet, von Generation zu Generation mehr, mickriger und einheitlich grauer erschienen, was allerdings ihrer verspielten Lebendigkeit nicht das Geringste anhaben konnte.

Ich wusste das, weil Rebecca es mir erzählt hatte, als ich sie vor einigen Tagen anrief, zögerlich zunächst, forschend und um Angemessenheit bemüht, später jedoch mit jener wiedergefundenen Begeisterung, die sie seit jeher anfällig gemacht hatte für Schönheiten aller Art, von Landschaftspanoramen über verlockend duftendes Backwerk bis zu den markant geschwungenen Linien, die dem Gesicht eines Mannes ein ausdrucksstarkes Profil verliehen. Nach einer anstrengenden, mit Belanglosigkeiten und fahlen Andeutungen bezüglich unseres Befindens gefüllten Viertelstunde, bekamen wir endlich ein Gespräch zustande, das heißt: ich erzählte ihr alles, mehr zumindest, als ich beabsichtigt hatte, bis ich mich innerlich wund, ausgehöhlt und seltsam beschämt fühlte; statt wohltuender Klarheit erfasste mich eine beunruhigende Leere. Tatsächlich erschütterte es mich, wie wenig von all den problembeladenen Entscheidungen bezüglich des optimalen weiteren Verlaufs meines Lebens, deren mögliche Konsequenzen ich bereits seit Wochen in immer detailreicheren Szenarien durchgespielt, mir selber vorzuleben versucht hatte, nach dieser ernüchternden Bestandsaufnahme übrig blieb. Rebecca aber hatte geduldig und schweigsam zugehört.

»Bist du noch da, Rebecca?« Wäre mir die Tragweite meiner zaghaften Frage bewusst gewesen, ich hätte sie nicht gestellt. Ich nutzte die Pause, um ein paar auflockernde, witzige Bemerkungen zu ausgewählten Anekdoten unserer gemeinsamen Vergangenheit einzuwerfen, über die wir beide dankbar in unangemessener Lautstärke lachten.

Dann meinte Rebecca unvermittelt, als präsentierte sie die einfachste aller Lösungen, die sie nach langen ergebnislosen Überlegungen plötzlich im Schlaf ereilt hatte: »Komm doch vorbei. Es ist schön hier. Solange noch Sommer ist.« Gewiss, dachte ich und antwortete: »Rebecca, ich kann hier nicht einfach weg, nicht jetzt ... ich würde wirklich gern, aber es gibt so viel zu tun ...« Was sonst zuverlässig funktionierte, geriet auf einmal ins Stocken. Rebeccas bloße Anwesenheit und das Ausbleiben der üblichen Verständnisbekundungen genügten, um mein dürftiges Gestammel dem lang gehegten Zweifel preiszugeben. Ich hatte nicht keine Zeit, ich hatte mir nur angewöhnt, die Dinge nach Dringlichkeit zu ordnen. Dass mir dabei Fehler unterlaufen waren, ahnte ich, seit mir hin und wieder, man kann sagen, recht häufig, der Sinn abhanden kam; eine ärgerliche Angelegenheit, der ich mich trotz aller ernsthaften Bemühungen nicht zu erwehren vermochte.
»Rebecca. Ich komme.«

Sechs Stunden liegen aufreizend unnütz vor mir. Beherzt krame ich das erstbeste einer Reihe wahllos in die Tasche gestopfter Bücher hervor. Unter allen Umständen gilt es, jenen verhängnisvollen Blick aus dem

Fenster auf das endlose Elend der Vororte zu vermeiden. Keinen Gedanken möchte ich an den Bewohner des blitzblanken Vororthäuschens verschwenden, der gerade im Kreis seiner Einfamilie hockt, früh zu Abend isst, dabei unablässig die bewältigte und die zu bewältigende Woche kommentiert und sich insgeheim ungewöhnliche Reiseziele für den in der Ferne vorbeirauschenden Zug ausdenkt.
Es fällt mir schwer, mich zu konzentrieren, die Buchstaben verschmelzen vor meinen Augen zu Zeichenkolonnen, wiegen und biegen sich zu Wellen, von denen ich mich, einmal in ihren Sog geraten, durch die Seiten spülen lasse. Als mein Blick zum dritten Mal über den Seitenrand hinausrutscht, um durchs Fenster zu fliehen und am Horizont haften zu bleiben, ergebe ich mich dem stetig anschwellenden Gedankenfluss, der sich mit der Zeit zu einem reißenden Strom entwickelt hat und hervorragend mit der Landschaft korrespondiert; beide befruchten sich wechselseitig äußerst wirkungsvoll. Mittlerweile liegt die Stadt außer Sicht- und Reichweite, die hiesige Gegend scheint völlig unbeeindruckt von deren räumlicher Nähe ein bemerkenswertes Eigenleben entwickelt zu haben. Zugegeben, ich bin diese Strecke bereits gefahren, nicht oft zwar, aber es reicht,

um nun betroffen festzustellen, wie viel ich bisher – allerlei Ablenkungen zum Dank – habe arglos unbesehen vorüberziehen lassen. Mein jungfräulicher Blick würdigt nun dafür umso mehr jene herrlichen Gelüste, die ihm lange vorenthalten worden sind: überwältigend weites Feld- und Ackerland, sanft geformt von Menschenhand, von deren reger Einflussnahme lose verstreute, sicher bald hundertjährige Gehöfte künden, die gelassen ausharren inmitten mild leuchtender Streuobstwiesen im sinkenden Sonnenlicht. Schweres landwirtschaftliches Gerät wird aufgeboten, braungebrannte Männer, deren Körper stumm von jahrelanger, zehrender Anstrengung erzählen, treiben Traktoren und Mähdrescher unermüdlich voran. Welch unvorstellbarer und unverhältnismäßiger Aufwand, keine fünfzig Cent kostet das eingetütete und in Scheiben geschnittene Brot im Discounter um die Ecke.

Unbemerkt haben sich die Plätze um mich herum geleert. Als ich endlich das ganze Abteil für mich allein habe, da weiß ich: Jetzt bin ich im Osten. Neugierig – es gibt keine treffendere Beschreibung – betrachte ich den Osten. Neu, weil mit dem unverbrauchten Blick des Ankommenden, fast Fremden, zumindest doch Entfremdeten. Gierig, denn ich sauge alles auf wie das spröde Erdbett einer welken Pflanze die ersten Tropfen nach großer Trockenheit. Wie gerne würde ich mich dieser flüchtigen Welt nähern, die schon wieder im Augenwinkel verschwimmt. Mein Kopf sinkt schwer gegen die unbeweglich glatte Scheibe. Manchmal hat man Glück und reist in einem der fast ausgestorbenen Exemplare mit den famosen Schiebefenstern. Ich habe Glück. Ich öffne ein Fenster ... und danach noch eins und noch eins, so viele, bis der Wind eilig die Seiten des achtlos zu Boden gefallenen Buchs überfliegt und verwaiste Pappbecher durchs Abteil taumeln lässt.

Widersprüchliche Empfindungen durchzucken mein Herz. Ich will, dass wir sofort anhalten, damit ich aussteigen, durchs Rapsfeld rennen, mich von wogenden Wonnen erfassen und forttragen lassen kann. Zugleich wünsche ich mir, der Zug möge doch bitte ein wenig, oder besser noch, viel schneller fahren, mich weiter und immer weiter entfernen von dort, wo ich herkomme, bis ich vergessen habe, wo das ist und wie man dort lebt – wie ich dort lebe, gleichgeschaltet im fremden Rhythmus, holprig im vorgegebenen Takt. Der Kompromiss besteht darin, den Kopf zum Fenster rauszustrecken und das Gesicht

in den Wind zu halten, hinein in dieses atemberaubende Rauschen. Alles um mich herum ist von Luft erfüllt und nichts davon dringt mehr hinab in meine Lungen. Dem Ersticken nahe reize ich die Sekunden aus, bis mir schlecht wird vor Vergnügen. Es erinnert mich an endloses Schaukeln, was ich mal gut konnte, an kindliche Drehwürmer, die die Welt in einen einzigen Kreis sich immer rasanter vereinigender Bilder zu bannen vermochten, an Kuhweiden mit Elektrozäunen, man hat sie ja doch angefasst. So viele Wege, mit der Welt in Kontakt zu treten und sich ihr ohne Reue wieder zu entledigen. So vieles, das ich lange verloren geglaubt habe, mit einem Mal kehrt alles zu mir zurück, als hätte ich die ganze Zeit auf nichts anderes gewartet.
Erschöpft lehne ich mich zurück, Bilder ziehen in loser Folge heran und verblassen, noch bevor ich ihnen eine zur näheren Betrachtung geeignete Kontur verleihen kann. Notdürftig klammere ich mich an lauter banale Details: Der Regentag an der Talsperre, von uns freudig begrüßt, als ob wir uns nichts Schöneres vorstellen könnten. Von Kopf bis Fuß eingehüllt in billige neonfarbene Schlafsäcke starrten wir still entzückt auf das flüssige Grau, bis wir entdeckten, dass sich das untere Ende unserer Umhüllung einen

winzigen Spalt öffnen ließ, durch den wir die nackten Füße steckten, um derart kostümiert mit winzigen Trippelschrittchen wie erdferne Fabelwesen über das vollkommen aufgeweichte Gelände des angrenzenden Campingplatzes zu spazieren.

Unablässig rast das Reiseziel auf mich zu, als wäre nicht mehr ich diejenige, die sich ihm nähert. Vielmehr scheint es mich zu bedrängen, gleich einem vernachlässigten Kind, das um Aufmerksamkeit ringt wie die Verwöhnten um Süßigkeiten. In immer rascherer Folge kommen und vergehen die Orte, die nunmehr wirken wie klägliche, an den Rand gespiene Überreste rauschender Feiern vergangener Nächte. Raum und Zeit umschlingen und durchdringen einander, bis das eine vom anderen Besitz ergriffen und es in eine Erscheinung seiner selbst verwandelt hat. Vorm Fenster versumpft, eingebettet in wohlgerundete Hügellandschaft, ein Moor seit ungezählten Jahren schon, effekthascherisch untermalt von sphärischen Nebelschwaden im müden, verblassenden Spättageslicht, hauchzarte Feenwesen, die zwischen Spinnweben fangen spielen. Ich beginne, die Gegenden mit Namen zu kennen. Namen, so schön im Klang und trefflich in ihrer Bedeutung, wie ich sie mir nicht besser auszudenken

vermocht hätte: Kummersmühle, Alte Kohlung, Nixkluft, Juchhöh, Wind und Abend, die Vordere und die Hintere Ruth, Obere und Niedere Klinge, Windlücke und Sommerleite, Quirl, Hölle und natürlich der höchst geheimnisvolle Klatschwald. Gemeinsam entfalten sie eine innere Landkarte, auf der sie sich mit Erlebnissen füllen, mit Menschen verbinden und erst auf diese Weise angeordnet wirklich und wahr werden.
Wir hatten unsere Orte. Rebecca und ich waren pausenlos unterwegs und stets auf der Suche. Oft wussten wir nicht, wohin mit uns. Fühlten uns ans trübe Hiersein gekettet, ohne auch nur das geringste bisschen Verbundenheit zu spüren, grundsätzlich weit entfernt von allem, praktisch insbesondere vom Meer. Dann begann der Sommer, und wir holten verrostete Fahrräder aus den Kellern. Wir kamen selten weit, umrundeten unseren Ausgangspunkt wie Trabanten ihre Planeten, glichen Phobos und Deimos, den beiden einstigen Asteroiden, vom Mars eingefangen und auf ewig in seine Umlaufbahn gebannt. Mit unseren Fahrrädern ging es ebenso schnell bergab wie die damit zuvor mühsam erklommenen Hügel. Schrott auf Rädern, den wir bald, von irreparablen Schäden geplagt, wehmütig am Straßen-

rand deponieren mussten. Wir jammerten, fluchten, schimpften und immer siegte die Vorfreude auf das, was noch unentdeckt vor uns lag. Jenseits jeder Wegbiegung vermuteten wir Wunder, hinter jedem Anstieg einen alles entschädigenden Ausblick. Wir wussten nicht, wonach wir suchten, doch geschah es deshalb keinesfalls ziellos. Wir glaubten fest an etwas, dass das Leben für uns bereithielt. Wir schliefen Nacht für Nacht im Freien, nackt im Schlafsack, wuschen an abgelegenen Talsperren den zu feinen Salzspuren kristallisierten Schweiß aus unserer Kleidung und erwischten so viele Sternschnuppen, dass wir uns nach Weltfrieden und persönlichem Glück irgendwann, wohl um die Wirksamkeit zu testen, allerlei albernen Unfug wünschten.

Das Wolkenkuckucksheim war einer unserer Orte. Wir hatten es selbst entworfen und den Namen draußen an die Wand aus rotbraunen Holzbrettern gepinselt. Das Wolkenkuckucksheim war unser Luftschloss. Der Zugang versteckte sich in einem alten, ausgedienten Hühnerstall. Unzählige Nachmittage verbrachten wir in unserem Asyl im selbstgewählten Exil, beschmierten den Boden mit leuchtenden Farben, die überall herumstanden, zu späterer Stunde mit Kerzenwachs und ausgelaufenen, trinkbaren

Flüssigkeiten. Die Welt außerhalb war kaum mehr als eine düstere Ahnung, die uns manchmal unvorbereitet streifte wie ein kalter Lufthauch, der uns die Schultern nach oben zog und fröstelnd zurückließ.
Was wir denn vom Leben wüssten, fragte regelmäßig der missmutige Teil Rebeccas älterer Verwandtschaft, in deren weitläufigem Garten sich der Hühnerstall ungünstigerweise befand, und wartete die Antwort nicht ab. Wir aber wussten Bescheid: Dass diese Leute ganz offensichtlich ein so bedauernswertes Leben führten, dass wir es vorzogen, unwissend zu bleiben. Eine Meinung hatten wir trotzdem, nur gab es niemanden, der bereit war, sie anzuhören und zu ertragen, so laut wir sie auch verkündeten. Da die Menschheit anscheinend problemlos auf unsere Ansichten verzichten konnte, schlugen wir ebenso konsequent sämtliche ihrer zahlreichen Angebote und wohlmeinenden Ratschläge aus.
Gewandelte Landschaft neben den Schienen, letzte verblassende Spuren der Menschheit. Stillgelegte Industrie, euphorisch errichtet, schon lange nicht mehr gebraucht. Ein Schornstein, dem Rauchen längst entwöhnt. Die Welt liegt brach. Heidekraut wuchert. Vögel nisten. Die Natur holt sich sanft, aber bestimmt zurück, was sie entbehrte. Man spricht von

ihr, als wäre sie ein Wesen mit eigenem Willen, so wie ihn einst der Mensch für sich beanspruchte. Es ist lange her.
Verwitterte Schrift vermittelt eine schwache Ahnung vom Innenleben der VEB: Waggon- und Schwermaschinen-, Industrie- und Automobilbau, es gab so vieles zu bauen. Ich denke an meine Oma, die ihre Erzählungen oft mit »Eigentlich hatten wir ja alles« enden ließ und dann lange auf eine imaginäre Leinwand starrte. Früher habe ich das nicht verstanden, schließlich hatte ich auch alles und hielt dies für selbstverständlich.
Natürlich war es nicht immer so. Unsere Pläne groß, unsere Mittel gering, unsere tatsächlichen Fähigkeiten selten so, wie wir sie uns erhofften; meist nicht mehr als schwammige Behauptungen, deren Beweis wir schuldig blieben. Wir übten uns in Melancholie und Larmoyanz, unerträglich für jeden Außenstehenden, schwer erträglich manchmal auch für uns. Zugleich hinreichender Beleg für die Rechtmäßigkeit des Unverstandenseins als dauerhaftes Grundgefühl. Unsere Aufmerksamkeit galt stets der Differenz, wir sahen uns umzingelt und kritisch beäugt, niemand durfte uns zu nahetreten. Darauf achteten wir penibel.

Gleichzeitig der wiederkehrende, kaum zu unterdrückende Drang, sich Sommer für Sommer weltwärts zu wenden, fremden Leben nachzuspüren, ihnen nahezukommen, um anschließend leichten Herzens weiterzuziehen. Lustvoll ließen wir uns die vielfältigen Erscheinungsformen menschlichen Alltags präsentieren, die nur darauf gewartet zu haben schienen, von uns mit Kommentaren und Anregungen versehen zu werden.

Wir liebten die Dichtung und hatten immensen Spaß an unseren Versuchen, lyrische Formeln in den Alltag zurückzuführen. Wieder und wieder fragte Rebecca, sobald die Dämmerung den Tag in einer Hülle aus blauem Samt verschwinden ließ: »Ist das jetzt, wenn es dunkelt?«

Vom Geist Celans erfüllt standen wir in der goldenen Lichtschneise, die uns die untergehende Sonne zwischen den historischen Gemäuern hindurch auf den Marktplatz der nächstgelegenen größeren Stadt malte, bespuckten das Kopfsteinpflaster mit Kirschkernen und rezitierten Gedichte. Ich schlug vor, einen umgedrehten Hut an geeigneter Stelle zu postieren, damit wir uns die Bahn nach Hause leisten könnten. Manche Verse wandelten wir mutwillig nach eigenen spontanen Ideen ab, statt »Nirgends fragt es nach dir« hieß es in unserer profanen Version »Jürgen fragt nach dir«, es fiel auch keinem der vorbeieilenden Passanten auf. Weder verstanden noch verehrten wir diese Werke, aber wir haben sie, ich versichere es, doch zumindest aufrichtig geliebt. Immer, wenn Rebecca nicht weiter wusste, wühlte sie kurz in ihrer Tasche, zog ein zerfleddertes, ausgeleiertes Büchlein hervor und begann, statt eine Antwort zu geben, ein Gedicht vorzutragen.

Das war ja das Schöne: Dass wir mit allem etwas anzufangen wussten. Dass sich die Welt vor uns ausbreitete wie eine gigantische Spielwiese, auf der wir übermütig und ungelenk tollten wie wilde Fohlen, bis wir, erschöpft von dieser geballten Ladung Lebendigkeit, im hüfthohen Gras versanken. Weinflaschen wurden entkorkt, liebgewonnene Gefährten; doch mussten wir nichts trinken, um dem nüchternen Blick auf das Weltgeschehen zu entfliehen, denn wirklich nüchtern waren wir ohnehin nie.

Wir haben uns geliebt. Aber gemeint haben wir das Leben. Das, was wir zur selben Zeit miteinander erlebten. Als junger Mensch vermag man diese Dinge bisweilen nicht so recht auseinanderzuhalten. Die Zeit zu zweit hat den einen dem anderen ähnlich gemacht. Wir entsprangen derselben Wurzel, wuchsen gemeinsam, bis jeder in eine andere Richtung abzweigte. Ich muss unbedingt wissen, was aus Rebecca geworden ist. Ich muss wissen, was aus mir hätte werden können.

20.48 Uhr, in elf Minuten werden wir zusammen am Bahnsteig stehen, den Zug ins Dunkel entschwinden sehen und unbeholfenen Unsinn plappern. Wir werden unwillkürlich Ausschau halten nach all den winzigen Differenzen zwischen jetzt und zuletzt, um schließlich nur darauf zu warten, dass sich jene wohlig vertraute Wärme einstellen möge, die uns durch die kühlen Stunden zwischen zwölf und sechs hinein in einen gemeinsamen Morgen tragen würde. Zuvor würden wir uns viele Fragen gefallen lassen müssen. Legen wir Rechenschaft ab, vor uns selbst und vor dem anderen. Was habe ich getan? Bin gelangweilt meinen sorgfältig betonierten Lebensweg abgeschritten, bin ihn die meiste Zeit gebückt entlang geschlichen, allzu ermattet von der mächtigen Zahl verbleibender Jahre. Ich habe versucht, mich zu beschränken auf das, was ich kann, und den Rest kindlicher oder alkoholgetränkter Schwärmerei zu überlassen. Ich habe gelernt, dass man zwar vieles wollen, allein dadurch aber nichts erreichen kann.

Ich hatte Angst, mein Leben könnte verstreichen, ohne dass ich es rechtzeitig bemerken würde, konnte keinen Moment ungenutzt vergehen lassen. Ich habe Sehnsucht gegen Sinnsucht getauscht und musste, wie bei Süchten üblich, kontinuierlich die Dosis steigern, um überhaupt noch etwas zu spüren.
Das hatten wir uns mal anders vorgestellt … als wir zwar alles besser, aber nichts mit letzter Gewissheit wussten, als wir dem Zufall verfallen, dem Leben treu ergeben, unruhig durch lichte Wälder streiften, Spuren zu deuten und Geräusche zu unterscheiden vermochten und uns wilde Beeren vom Strauch in den Mund wachsen ließen.

Schreiben ist das Angebot zum Teilen von Empfindung,
zu Diskussion und Weiterdenken.

SOPHIA DAFINGER, geboren 1987 in Dachau, aufgewachsen in München. Sie studiert an der LMU München Neuere deutsche Literatur, Geschichte und Politik. Neben Musik und Tanz faszinieren sie vor allem Sprache und das literarische Schreiben. Teilnahme am »WorDshop« des Literaturhauses München – ein erstes Diskussionsforum für ihre eigenen Texte.

WAS GESCHEHEN WAR

VON SOPHIA DAFINGER

Sie schloss den Kühlschrank. Leise tappte sie zum Tisch, setzte sich auf den schwach knarzenden Holzstuhl und öffnete den Schraubverschluss. Der Duft der Milch beruhigte sie. Der erste Schluck rann langsam durch ihren Rachen; das Geräusch durchschnitt unnatürlich laut die Stille. Sie stellte die Flasche vorsichtig ab und zog ihre kalten Füße auf die Sitzfläche des Stuhles. Ihr Nachthemd war weit genug, um die Beine damit zu verhüllen. So kauerte sie in dem dunklen Raum alleine mit sich und ihrem Atem, den Kopf abgestützt. Zurück in das schmale Bett zwischen die hellen Laken, deren Farbe schmerzte, wollte sie nicht. Sie hatte Angst, dass ihre Lider beim Schließen der Augen wieder zur Leinwand würden. Sie hatte Angst vor den Bildern, die in ihrem Kopf lebten, vor dem Film, den sie weder anhalten noch ändern konnte.

Wenn sie an damals dachte, spürte sie als Erstes in sich das Lachen, bevor die Tränen kamen. Das war es gewesen, damals: ein einziges Lachen. Ihr Kopf war voller Pläne, die den Blick in die Zukunft leicht machten und sie sich freuen ließen auf alles, was

noch geschehen würde mit ihr. Die Wirklichkeit war anders, als sie es sich in ihrer Kindheit und Jugend vorgestellt hatte, spießiger wahrscheinlich durch das kleine Haus mit Garten, durch den Kinderwunsch, durch die Festanstellung, durch die Kleidung, die sie trug. Sie hätte sich selbst angepasst oder langweilig geschimpft, wenn da nicht das Gefühl des Glücks gewesen wäre, das sich jeden Morgen in ihrem Körper ausbreitete, noch bevor der erste Fuß den Boden berührt hatte. Sie suchte oft nach der Erinnerung an eine Melodie, an einen Satz, an eine Farbe, denen es gelungen wäre, dieses vollkommene Durchdrungensein auszudrücken, doch alle Worte verschwanden im Unmöglichen, wenn sie begann, sie abzuwägen mit dem, was nicht fasslich in ihr, nein, eher um sie war. Sehr leicht dagegen hielt sich ein Lächeln auf ihrem Gesicht und schien das Einzige, das wirklich sprechen konnte.
In dem Moment, in dem sie das erste Mal den Davidstern auf ihrem Auto sah, änderte sich das. Die Angst flutete in ihre Glieder, während sie auf schwachen Beinen einen Schritt zurück tat. Unregelmäßig waren die Linien auf die Heckscheibe gesprüht. Von mehreren Ecken war das Rot hinabgeflossen, an einigen Stellen leuchtete die Farbe dunkel. Sie dachte

an Blut, sie fühlte Blicke auf sich. Als sie versuchte, zu schlucken, brannte ihre Zunge wie ein Fremdkörper im Mund. Die Hand mit dem Schlüssel sank schwer zurück, ein leises Klirren wurde hörbar. Während sie langsam um den Wagen herumging, ungläubig, klangen ihre Absätze laut auf dem Asphalt. Sie wollte an einen Zufall glauben, an eine Provokation, die nicht ihr galt. Mit den gewohnten Griffen sperrte sie die Autotür auf und legte ihre Handtasche auf den Beifahrersitz. Als sie die Tür zurück ins Schloss werfen wollte, blieb diese auf halbem Wege in den Angeln hängen. Mit einer unsicheren Bewegung strich sie sich eine Haarsträhne aus der Stirn. Sie glaubte das Geschehene mit der Säuberung der Scheibe ungeschehen machen zu können. Ihr Herz klopfte dumpf.

Im Büro kam sie noch mit etwas unsicheren Beinen an, doch als die Zeit alltäglicher als jemals vorstellbar verging, verflog auch langsam ihre Angst. Bleib in der Wirklichkeit, sagte sie sich, als sie abends wieder nach Hause fuhr, hinaus aus dem Zentrum in ihr ruhiges, grünes Viertel, in dem an solchen Abenden alle Nachbarn im Garten saßen. Doch sobald das Auto an seinem gewohnten Platz stand, fühlte sie ein leichtes Ziehen im Rücken und den Druck auf

der Brust. Kaum traute sie sich, Licht anzuschalten oder die Rollläden herunterzulassen, und als die alte Holzbank wie immer knackte, riss ein kurzer Ruck ihre Schultern zurück. Den Schlüssel im Schloss hörte sie mit leichtem Schrecken. Als Benjamin dann bei ihr stand, meinte sie, ihn nie mehr geliebt zu haben. Natürlich wusste er, dass etwas nicht stimmte, streifte nur seine Schuhe ab und hängte den Mantel nachlässig an seinen Haken, dann legte er den Arm um sie und schob sie zum Sofa. Sie versuchte, sich möglichst klein zu machen und sich an ihn zu drängen wie ein Kind, das Schutz sucht. Angenehm warm tropften die Tränen in seinen Schoß. Benjamin glaubte nicht an Zufall, als sie ihm endlich erzählte von diesem Rot, das noch immer gestochen scharf auf ihrer Netzhaut stand. Er sprang auf, das Wasserglas in der Hand, und sah aus, als habe er die Kraft, es mit einem Anspannen der Muskeln zu zerdrücken. Sie blickte vom Sofa aus zu ihm auf und las in seinen Augen Wut. Dahinter, etwas undeutlicher, Sorge.
Die nächsten Tage rechnete sie damit, wieder eine Schmiererei zu entdecken, oder einen Brief, der mit unsicheren Buchstaben vor dem noch Kommenden warnte. Sie fragte sich, ob eine Anzeige sinnvoll war,

doch solange nichts mehr geschah, kam ihr dieser Schritt lächerlich vor. Beinahe wünschte sie, etwas Greifbares in Händen zu halten, um die nur Ahnung bleibende Angst ersetzen zu können. Auf dem Weg zum Einkaufen fürchtete sie zudringliche Blicke auf sich, starrte meist zu Boden und war froh, wenn sich die Haustür wieder hinter ihr geschlossen hatte. Las sie, verschwammen schnell die Zeilen vor ihren Augen. Wenn sie mit einem kleinen Zucken auffuhr, hatte sie den letzten Satz bereits vergessen. Auch ihr Schlaf war unruhig und zerrissen von Träumen. Es erschreckten sie jähe Abgründe, Gewichte an den Füßen machten ihr das Laufen unmöglich. Nicht immer konnte Benjamin neben ihr wachen und mit seinem Körper Verlässlichkeit verbreiten; das hätte sie auch gar nicht gewollt.
Als schließlich nicht das Geringste geschah, nannte sie sich selbst hysterisch.

Zurück blieb ein gräulicher Schleier an der Wand der Flasche. An der Seite, an der sie getrunken hatte, war er heraufgezogen bis zur Kante. Von dort floss das Weiß in schmalen Bahnen hinab. Ihre Beine waren unbeweglich geworden, die Füße eisig. Bei jeder Bewegung knarzte der Stuhl leise. Sie stand umständlich auf, tappte wieder zurück zum Kühlschrank und stellte die Flasche mit einer müden Bewegung in ihre Halterung. Dann traute sie sich zurück zum Bett.

Nach dem Essen stand sie vor dem Tisch und blickte hilflos auf die verdreckten Teller, die noch halb gefüllten Töpfe und die Tropfen, die die Holzplatte langsam mit ihrem Muster überzogen. Auf dem Weg zur Küche hörte sie Benjamin leise seufzen. Seit sie ihm von dem roten Stern auf ihrer Heckscheibe erzählt hatte, war er angespannt, unzugänglich. Seiner Bitte, Anzeige zu erstatten, wollte sie nicht nachgeben, da sie ihr übertrieben schien. Oft verwarf sie einen mühsam gebildeten Satz schon wieder, bevor sie ihn ausgesprochen hatte. Als sie an diesem Abend früh ins Bett ging, um der Stille bei ihm zu entgehen, erschienen ihr die Bettlaken kalt.
Am nächsten Tag stand er vom Frühstück auf, während sie noch kaute, nahm zwar wie gewohnt ihren Kopf zwischen seine Hände und küsste sie, verschwand dann aber aus dem Haus, ohne sich noch einmal umzuschauen. Es wunderte sie nicht, dass sie ihren Schlüssel nicht fand und dass es, kaum war sie aus der Haustür, zu regnen begann. Der Motor

starb beim Anfahren ab, der Scheibenwischer ließ sich nur auf die höchste Stufe einstellen. Unkonzentriert machte sie sich auf den Weg in die Arbeit, zunächst vorbei an tropfenden Gärten, als sie plötzlich seinen blauen Ford erkannte.

Irritiert beugte sie sich vor und blickte durch die Scheibe, vor der immer noch hektisch die Wischblätter arbeiteten. Die Unsicherheit zerrte so sehr an ihr, dass sie in zweiter Reihe stehen blieb, den Warnblinker setzte und ausstieg. Kühle Tropfen fielen ihr auf Kopf und Schultern. Sie stellte den Kragen hoch und zog den Mantel näher zu sich, bevor sie sich umsah und dann zögernd auf seinen Wagen zuging. Er saß nicht darin und natürlich waren die Türen versperrt. Seine Aktentasche lag auf dem Rücksitz. Sie ließ ihren Blick schweifen, die enge, schlecht asphaltierte Straße entlang. An der nächsten Ecke fiel ihr eine Gruppe breitbeinig dastehender Männer auf, in geübt brutaler Haltung, die Ellenbogen nach außen gekehrt, die Oberarme angespannt. Solchen hätte sie eine deutliche Botschaft auf der Heckscheibe nach nächtlicher Sauftour zugetraut, solchen ging sie mit gesenkten Augen schnell aus dem Weg. Eben als sie den Schlüssel in die Zündung stecken wollte, geriet die Gruppe nochmals in ihr Blickfeld.

Fest umschloss ihre Hand das Laken. Ihr Nacken spannte sich, ein leises Stöhnen kam über ihre Lippen. Dann stieß sie mit Kraft ihren Kopf gegen die Wand.

Diesmal befand sich Benjamin mitten unter ihnen. Ungläubig starrte sie durch die verregnete Scheibe. Mit seinem hellen Mantel hob er sich von den dunkel Gekleideten auffällig ab. Seine Haltung strahlte Unwillen aus, Geringschätzung und sogar Ekel. Sie saß hinter dem Lenkrad, ohne sich zu rühren. Hinter ihr hupte ein Auto, ohne dass sie verstand, warum. Sie sah und fühlte nur ihn. Sein Körper versteifte sich und sein Gesicht verriet große Erregung. Im nächsten Moment hatte sein Nebenmann ihn an der Schulter herumgerissen. Drohung lag mit einem Mal in der Luft. Die eben noch selbstgefällig in den Knien wippenden Männer waren sofort um ihn. Er redete, oder schrie er auf sie ein? Sie glaubte, die Adern an seiner Schläfe zu sehen. Wenn er laut sprach, traten sie hervor. Ihre Hände umklammerten das Lenkrad. Die Anspannung lief die Arme hinauf über den Nacken bis zu den Schläfen. Sein Versuch, nun endlich aus der Gruppe herauszutreten, wurde durch ein geringfügiges Zusammenrücken der Männer unmöglich gemacht. Er schaute sich um, vielleicht das erste Mal überlegend. Mit zitternden Fingern öffnete sie die Tür. In diesem Moment traf ihn ein Schlag. Wenige Schritte taumelte er, breitete die Arme aus, versuchte sich zu fangen. Der nächste Stoß warf ihn auf den nassen Asphalt. Von ferne sah sie seinen Fall wie auf Leinwand gebannt so unwirklich. Ihr Bewusstsein umfasste nur ihn. Seine Hand versuchte Halt auf dem Pflaster zu finden. Sie fühlte, dass sie schrie, ohne zu wissen, was. Der erste Tritt traf mit voller Wucht seinen Magen und warf ihn herum. Eben als sie einen Fuß auf die Straße setzte, neben ihr ein Krachen. Eine Berührung an ihrem Bein nahm sie kaum wahr. Obwohl sie im Augenwinkel Autos kommen sah, blieb sie nicht stehen. Zwischen zwei warmen Karosserien, die gerade noch vor ihr gebremst hatten, zwängte sie sich achtlos hindurch. Noch immer drückte ein Schrei auf ihre Brust, noch immer pumpte sie mit tiefen Atemzügen Luft in die Lungen. Ihr Lauf erschien ihr zu langsam. Der nächste Stoß hob seinen Oberkörper. Sie erkannte in scharfen Linien seine halb geschlossenen Augen, den schmerzhaft verzogenen Mund. Einen Schuh hatte sie verloren. Nässe tropfte ihr über das Gesicht. Dann wendete sich einer der Männer ihr zu. In die Gruppe kam Bewegung. Der letzte

Stiefel schien seinen Kopf vom Körper abtrennen zu wollen. In einer roten Lache ließen sie ihn liegen.
Ihre Hände mochten ihn kaum berühren in der Angst, ihm weh zu tun. Die klebrig rote Flüssigkeit mischte sich mit den Wassertropfen und rann über das Pflaster. Haare hingen wirr vor ihren Augen. Als sie endlich neben ihm auf dem Boden kauerte, hatte sich der Druck auf ihre Brust vermindert. Sie spürte jetzt deutlich das Zittern in ihren Beinen. Sein Arm lag etwas seitlich, wie fremd. Noch während sie hilflos versuchte, ihm zu helfen, stand plötzlich jemand neben ihr. Ruhig und sicher klang der tiefe Bass der Stimme, die sie mit einfachen Worten beruhigte und genau wusste, was zu tun war. Sie ließ die Hände sinken und sah, wie Benjamin gedreht wurde in eine Lage, die sie jetzt erkannte. Ein dunkles Kleidungsstück lag als Kissen unter seinem Kopf. Seine Lider waren geschlossen, während in ihre weit geöffneten Augen schmerzhaft die Regentropfen fielen.
Danach erinnerte sie einige Tage im Krankenhaus, wo ihr Bein geschient worden war und wo er lag, verbunden durch Schläuche mit leblosen Geräten. Wie oft wurde sie freundlich, doch von festen Händen weggeführt von ihm, und wie oft humpelte sie durch die weißen Gänge zurück? Sein Gesicht hatte

keinen Ausdruck, während sein Körper zu massiv schien. Die sterile Kleidung gab ihm ein völlig fremdes Aussehen. Sie war sich sicher, er litt unter dem Halbdunkel, doch als sie die Jalousien hochzog, erschreckte sie seine Blässe. Manchmal tauchten wohl ihre Eltern auf, vielleicht auch seine Mutter, doch sicher war sie sich darüber nicht. Sie fühlte sich abgetrennt von dieser Welt, in der gesprochen wurde und geweint, als gäbe es etwas zu sagen und etwas, wofür das Weinen reichte. In ihr war lediglich Stille.
Bis zu dem Tag, an dem sie zu ihm humpelte, die Tür öffnete und das Bett leer fand. Saubere Laken waren ordentlich darauf zusammengelegt. Einige Sekunden stand sie und starrte den einzigen Fleck am Rand des Kopfkissens an, dann wurde ihr Hals eng. Diesmal hörte sie ihren Schrei, der zu groß war für ihre Brust, der im Rachen schmerzte, der nicht enden konnte.
Sehr viel später fing sie an, darüber nachzudenken, was geschehen war.

Schreiben ist für mich »Kino im Kopf«,
und ich darf die Regisseurin sein.
Wer das Gefühl kennt, im Kino ganz
in einen Film einzutauchen, der weiß,
wie ich mich fühle, wenn ich schreibe.

EMILY DITTMAR, 1980 in München geboren, studiert Angewandte Sozialwissenschaften in München. Sie lernte den Beruf der Radio-Redakteurin und Moderatorin. Veröffentlichung der Tagebucheinträge für die »Jetzt«-Zeitung im Sammelband »Der Montag hat mir nicht gefallen«. 2000 gewann sie den Münchener Poetry Slam (Siegertext im »Poetry Slam: Was die Mikrofone halten. Poesie für das neue Jahrtausend«).

BUSFAHRER

VON EMILY DITTMAR

Ich sehe durch die grau braun verschmierte Fensterscheibe. Der Dreck der Straße hat sich in sie hineingefressen, Feinstaub ist bestimmt auch dabei. Ich will gar nicht daran denken, was alles an ihr klebt, als ich durch sie hindurch auf die Straße blicke.
Es ist einer dieser Morgen, an denen man am liebsten im Bett geblieben wäre. Der Himmel ist in ein undefinierbares Grau getaucht und schwitzt feine Regentropfen aus, die man nicht sehen, nur fühlen kann.
Es ist warm für diese Jahreszeit, sagen die im Radio. Die sitzen ja auch nicht hier, in diesem zugigen Bus. Es ist also sicher kein Trost, zu wissen, dass fünf Grad plus warm für diese Jahreszeit sein sollen. Fünf Grad plus können verdammt kalt sein, wenn man ständig neben einer offenen Tür sitzt, denke ich mir fröstelnd, während ich mir am liebsten die Kapuze über den Kopf ziehen würde, aber das geht leider nicht.
Erstens, habe ich als Busfahrer keine Kapuze an meiner Jacke, fragen Sie mich nicht wieso; wahrscheinlich gingen die Uniformmacher davon aus, dass wir acht Stunden am Tag im Bus sitzen, uns das Aufs-Klo-Gehen für den Feierabend aufsparen und

somit mit den Wetterverhältnissen nicht konfrontiert wären.
Zweitens, weil es als Busfahrer ziemlich dämlich aussehen würde, mit einer Kapuze auf, durch München zu fahren. Bei jeder Haltestelle würden mich die Leute anschauen als wäre ich wahnsinnig. Moment, das würde ich ja gar nicht sehen, weil, ich hätte ja eine Kapuze auf. Trotzdem beschließe ich wie üblich, dass der kleine Rebell in mir die Klappe zu halten hat und versuche, mich nicht auf die nasse Kälte, die meine Knochen schmerzen lässt, zu konzentrieren und verdränge, so gut es geht die Müdigkeit, die in meinen Augen brennt.
Statt dessen erfreue ich mich an den Menschen, denen es noch schlechter geht als mir.
Zum Beispiel denjenigen, die ohne Schirm unterwegs sind, weil sie dachten, es sei nur bewölkt. Den Menschen, die die gefühlte Temperatur unterschätzt haben und mit roten Ohren, nassen Haaren und hochgezogenem Kragen die Straße entlang eilen. Den kleinen Kindern, deren Schulranzen größer als sie selbst zu sein scheint und die krampfhaft nach vorne gebeugt, gegen den Regen, die Kälte und das Gewicht der Bücher ankämpfen, um nicht nach hinten umzukippen und wie ein Käfer auf dem

Rücken zu strampeln. Den Omas und Opas, die sich auf ihre Gehwägelchen stützend im Zeitlupentempo ihren Weg durch die Stadt bahnen, unfähig einen Zahn zuzulegen, da das Alter die Handbremse gezogen hat.
Es tut gut zu sehen, dass das Schicksal es nicht nur mit mir übel meint.
Verstehen Sie mich bitte nicht falsch, ich mag meinen Job. Naja, abgesehen davon, dass ich ständig an einer offenen Tür sitze und mir die Heizungsluft die Schleimhäute austrocknet, und abgesehen von den Jugendlichen, die sich im Bus immer anschreien müssen, obwohl sie nebeneinander stehen. Abgesehen von den Rollstuhlfahrern und Müttern mit Kinderwägen, die sicher mit Schuld an meinem Bandscheibenvorfall sind. Abgesehen von den unfreundlich dreinblickenden Anzugträgern, die mich entweder komplett ignorieren oder abschätzig von der Seite mustern. Abgesehen von den Tausenden von roten Ampeln, an denen ich tagtäglich bremsen muss und abgesehen von den Autofahrern die sich immer im toten Winkel meines Busses verstecken. Abgesehen davon mag ich meinen Job, ja.
Zum Beispiel liebe ich meinen großen Rückspiegel. Der ist manchmal besser als Kino. Wenn ich kurz vor

einer Haltestelle sachte aufs Gas und gleich darauf auf die Bremse trete und dann mit einem Pokerface im Rückspiegel beobachte, wie sich alle an die Haltestangen klammern, um nicht durch den Bus geschleudert zu werden, das ist super. Oder wenn eine Frau mit gesunder Oberweite und kurzem Rock einsteigt. Das kann mir jeden Regentag versüßen. Oder, wenn zwei Türken im Bus sich in ihrer Landessprache unterhalten und sich eine ältere Frau dadurch gestört fühlt, aber nichts sagt, sondern nur den anderen Fahrgästen entnervte Blicke zuwirft, auf der Suche nach Gleichgesinnten. Dann liegt Spannung in der Luft.

Ich mag es auch mit meinem großen Bus Herr über die Straßen zu sein. Das große Lenkrad liegt angenehm in meinen Händen und gibt mir das Gefühl alles steuern zu können. Gegen mich hat dann keiner eine Chance, ich habe immer Vorfahrt. Mein Bus ist wie ein Panzer, in ihm fühle ich mich sicher.

Aber mit Abstand am schönsten ist das »langsame Wegfahren«. Darin bin ich Meister. Was das ist? Ganz einfach.

Ich stehe an einer Bushaltestelle und warte. Die meisten Gäste sind schon eingestiegen. Durch meinen Rückspiegel sehe ich einen Schüler auf meinen

Bus zulaufen. Beim Rennen hält er sich mit einer Hand die Hose fest, damit sie ihm nicht noch weiter runterrutscht, einer dieser Hip-Hopper. Er hat es fast geschafft, er ist noch zirka zwei Meter von der hinteren Bustür entfernt. Jetzt. Ich drücke den Knopf und die Türen schließen sich, ich bleibe aber noch so lange stehen, bis der Schüler mit hängender Zunge an die Scheibe klopft, und während mich eine Gänsehaut überkommt und das Adrenalin durch meine Adern schießt, fahre ich ganz langsam los. Ein letzter verstohlener Blick in den Rückspiegel, das war's.

Feierabend. Er sieht auf die Uhr. Wenn er sich beeilt, wird er es vielleicht pünktlich nach Hause schaffen. Der nasse Wind bläst ihm ins Gesicht, als er sich auf den Heimweg macht. Er schlägt den Kragen seiner Jacke hoch, eine Kapuze hat er nicht. Sein Rücken schmerzt und seine Beine sind vom vielen Sitzen geschwollen. Er ist froh, trotz des Regens eine Viertelstunde nach Hause laufen zu können, um die ungefilterte Luft in tiefen Zügen einzuatmen und den Geruch des Busses aus der Nase zu bekommen.

»Bin wieder da!«

Er schließt vorsichtig die Tür, hängt fröstelnd seine Jacke an den Haken, fährt sich durch die nassen

Haare und zieht sich die Schuhe aus. »Zeit wird's«, hört er sie aus dem Wohnzimmer.
Er hält unwillkürlich die Luft an. Wann hatte er angefangen Angst vor ihr zu haben?
»Hast du wenigstens dran gedacht einzukaufen?«
Mist, da war doch was. Er schlüpft wieder in seine nasse Jacke und greift nach seinen Schuhen.
»Hab ich vergessen«, ruft er ihr zu.
»War ja klar. Dann kannste gleich noch mal losgehen. Ich renn wegen dir bei dem Wetter jetzt nicht los und kauf ein, wer bin ich denn!«
Auf einem Bein balancierend, schlüpft er in seinen zweiten Schuh.
»Hast du gehört, oder red ich mit der Wand?«
Da steht sie vor ihm, mit roten Backen und dieser tiefen Zornesfalte im Gesicht. Er findet sie immer noch hübsch. Was ist passiert? Wo ist sie hin, die Liebe, der Respekt? Wieso?
Er bückt sich, um sich die Schuhe zuzubinden.
»Ja, Anna, ich geh gleich noch mal los.«
»Nur weil du vergessen hast einzukaufen, brauchst du mich nicht so anzublaffen, hast du verstanden?«, hört er Anna über sich.
Als er sich aufrichtet, tanzen schwarze Punkte vor seinen Augen. Er ist müde. Müde von der Arbeit, zu

müde zu diskutieren, zu müde sich zu wehren. Er ist so müde. Er nickt.
»Entschuldigung.« Er hebt den Kopf und sieht sie an. Sieht ihr direkt in die Augen. Sie sieht traurig aus.
»Wenn du noch weiter so trödelst, dann macht der Norma zu.«
Sie atmet erschöpft aus, ihre Schultern hängen an ihr herab, als sie Richtung Wohnzimmer geht. Auf halbem Weg dreht sie sich um.
»Paul?«
Er blickt auf, für eine Sekunde, ist er da, dieser Hoffnungsschimmer, alles könnte anders werden.
»Bring mir Zigaretten mit, wenn du's nicht wieder vergisst. Das wäre echt das Mindeste.«
»Mach ich«, antwortet er, bevor er die Haustür hinter sich zuzieht und draußen vor der Tür innerlich in sich zusammenfällt.
Zigaretten, Zigaretten, Zigaretten, murmelt er vor sich hin.
Er darf nicht ohne die Zigaretten wiederkommen.
Am liebsten würde er gar nicht wiederkommen.
Am liebsten würde er einfach weiter die Straße entlang laufen, in seinen Bus steigen, einfach losfahren und ...
Ja, und dann?

Psychosomatische Symptome der Schreibtätigkeit:
90 Prozent Transpiration und der Rest
bringt mich auch ins Schwitzen.
Diagnose (frei nach Georg Kreisler): unheilbar gesund.

FRANZISKA FEJFAR wurde 1982 in München geboren und studiert dort Anglistik und Germanistik. Während der Schulzeit wurde sie im Rahmen der Deutschen Schüler Akademie für einen Kurs in kreativem Schreiben ausgewählt. 2006/07 arbeitete sie ein Jahr lang an einer Mädchenschule in Birmingham, UK, wo sie Deutsch unterrichtete.

OHRENSCHMALZ UND SEELE

VON FRANZISKA FEJFAR

Wie jeder weiß, betonen Kenner stets gerne, dass doch nun wirklich jeder wisse, was in Wahrheit nur Gegenstand ihrer ganz exklusiven Erkenntnis ist. So klärte mich vor Kurzem ein Kenner der Seele – unter uns gesagt: die übelste Sorte von Kennern! – über Folgendes auf: Wie mittlerweile absolut jeder wisse, seien es keinesfalls die Augen, die als Fenster der Seele direkten Einblick in dieselbe gewährten, sondern das in dieser Hinsicht wirklich interessante Organ sei natürlich das rechte Ohr. Der Laie, echauffierte er sich mit rudernden Bewegungen der Arme, der Laie stelle sich das natürlich alles viel zu einfach vor; um die Komplexität des Problems auch nur anzudeuten, könne man anführen, dass nach der Hürde des Haupthaars zunächst die oft nicht unbeträchtliche Behaarung des Eingangs zu durchdringen sei, hinzu komme die hartnäckig den Weg verstellende Verschmalzung des Gangs, wonach sich der Blick mithilfe neuester Instrumente durch die Spiralen des Innenohrs schrauben müsse. Erst am Ende einer mühevollen Prozedur könne es gelingen, die mikroskopisch kleine Seelenkammer im Vorüberfliegen

auf ihren Bahnen ums Gehirn zu erhaschen, ganz zu schweigen von dem im innersten Kern der Kammer pochenden Seelenknoten selbst!
Nun weiß ohne Frage jeder, dass Kennern im Allgemeinen und Kennern der Seele im Besonderen zu Recht nur wenig Beachtung gezollt wird. So fordere ich Sie auf: Sollten Sie in Zukunft Opfer dieser Spezies werden, wenden Sie sich ab und gehen Sie! Aber Achtung: Gehen Sie auf keinen Fall links an ihm vorbei und halten Sie sich die Ohren zu! Sicher ist sicher.

DAS HERRLICHE LEBEN

VON FRANZISKA FEJFAR

Das Haus stand seit Jahren leer.
Es hatte darin schon immer irgendeine Art der Leere gegeben; man kann dabei unterscheiden zwischen der anfänglichen Leere ohne alle Dinge, welche vor dem Einbruch der Menschen in allen Häusern herrscht, der darauf folgenden Leere zwischen den Menschen und der jetzigen, der Leere nach den Menschen. Die wiederum ist durch eine

Fülle von zurückgelassenen Dingen gekennzeichnet, die durch ihre Gebrauchsspuren auf das Fehlen von Lebendigem erst hinweisen.
In diesem Zustand befand sich nun also das Haus, als man mich, die ehemalige Hausangestellte, anrief. Der einzige Sohn, den ich noch auf den Knien gewiegt hatte, als er dazu eigentlich schon viel zu groß war, benötigte meine Dienste. Er wolle das Haus nach etwas durchsuchen, sagte er, vielleicht sagte er, »nach etwas untersuchen«, ich weiß es nicht mehr genau.
Ich kam. Ich half. Doch weder suchte er nach einem Gegenstand, noch schien ihn der Zustand der Räume zu interessieren. Blind für Moder und Gerümpel ging er Raum für Raum ab. Er verlangte plötzlich danach, meine Hand zu halten. Jedes Zimmer schien in ihm aufzubrechen wie eine Wunde, und er ließ mich an seinem Schmerz teilhaben, indem er meine faltige Hand atemlos immer fester quetschte, bis ich laut aufschrie, und da kamen auch meine Erinnerungen eruptionsartig zurück und ergossen sich über meine Netzhäute. Alles Gerümpel verschwamm; stattdessen sah ich wieder das ganze Bild vor mir.
Es war der Tag vor Weihnachten, der Vater saß, Pfeife rauchend, im Rollstuhl (man hatte ihm die

Beine abnehmen müssen), die Mutter lackierte sich nur ihm zuliebe die Fingernägel in einem scheußlichen Pink, das sie selbst ordinär fand, und in der Ecke stand bereits der Baum. Den hatte der Kleine selbst ausgesucht und geschlagen und hatte ihn schwitzend vor Anstrengung und in der Not eines nach Lob Lechzenden vor den verkrüppelten Vater gezerrt. Für diesen hatte ein Blick genügt, um zu erkennen, dass ein so kümmerliches und windschiefes Ergebnis nicht ausreichte.

Der wunde Punkt des gefällten Mannes waren die Beine des Sohnes. Er selbst war früher ein mächtiger Kerl gewesen, davon zeugten die Bilder aus der Militärzeit über dem Klavier. Die gesunden Beine des Sohnes waren jedoch eine Enttäuschung, da sie bei Weitem nicht so gerade und stramm gewachsen waren, wie seine eigenen vor der Amputation. Dieser evolutionäre Irrtum, diese Ironie war eine ständige Quelle der Frustration für den alten Mann.

Ich hatte das Gefühl, dass seine junge Frau sich stellvertretend für ihn an den Kinderbeinen rächte, indem sie dem Jungen regelmäßig die Fußnägel viel zu kurz schnitt. Gegen mein Drängen bestand sie darauf, diese Pflicht selbst zu erfüllen, die Fußhygiene sei ein Grundstein der Gesundheit. Ich aber verarztete die roten Zehen abends in der Küche mit Salbe und Pflaster und verfluchte die Fußhygiene. Um die Beine der Mutter schwänzelte der fette Kater Günther, ein gemeines und hinterhältiges Tier, bei dessen Gefauche das Kind in ängstliche Starre verfiel und von mir oder der Köchin gerettet werden musste. Viel lieber beobachtete er die winzigen Spinnen, die aus einem Löchlein im Parkett krochen und konnte, so wie an jenem Tag, ganze Nachmittage in der Wohnzimmerecke kauernd verbringen. So hatte das geschwisterlose Kind nur bei uns Frauen in der Küche eine Herd- und Herdenwärme gefunden.

Als wir wieder im Freien waren, er hatte mir schon den Rücken zugekehrt, drehte er sich noch einmal zurück und warf mir mit einem großen Schwung aus der ganzen Länge seines Armes den rostig verschnörkelten Schlüssel zu, wonach er davonging.

Ich aber hatte den Auftrag verstanden und sprang einem jungen Mädchen gleich zu unserer Karosse, worin meine Schwestern mit den Gebissen schnatternd auf mich warteten. Alle leben sie noch, das gesamte Hauspersonal der alten Tage saß im Wagen. Ich verkündete ihnen unsere Mission, und wir zogen wie Kreuzritter in die staubigen Hallen ein, um sie mit Unordnung und munterem Krach zu füllen.

Wir leben nun zusammen dort, im Haus. Wir brauchen sonst niemanden. Nichts haben wir weggeworfen, alles musste bleiben. Wie Räuber schlafen wir nebeneinander aufgereiht auf Türmen von zerfressenen Perserteppichen. Tagsüber durchwühlen wir die Hinterlassenschaften der vielen Bewohner wie Schätze, die wir rauben. In klemmenden Schubladen stapeln sich Lesebrillen aus Horn, falsche Haarteile, noch fettig von der Kopfhaut des Besitzers, säuberlich geflickte Nylonstrumpfhosen, vergilbte Pässe und klebrige Münzen, wertloser Kram, der unseren ganzen Reichtum darstellt. In dem Duft der Körperausscheidungen von längst verstorbenen Menschen kann man sich heimisch fühlen, denn es ist beruhigend, dass ein ausgefallenes Haar auf einem Pullover Jahrzehnte überdauern kann, während man selbst längst verrottet ist.
Diese wunderbare Kulisse dient unseren privaten Theatervorstellungen, die abends bei Kerzenschein gegeben werden. In verblichenen Kostümen schlagen wir Schlachten und spinnen Intrigen.
Alle Manieren sind vergessen, und wir schlürfen Pfannkuchensuppe um die Wette, lutschen schäumende Aspirin-Tabletten und essen die Bonbons mitsamt dem Goldpapier, weil es uns schmeckt. Wir

planen neue Befreiungskriege gen Westen, wo wir Insassen des örtlichen Altersheimes regelmäßig zur Flucht verhelfen. Mit ihnen schließen wir Tauschgeschäfte ab: ein paar Pelzstiefel und Eierlikör gegen einen ausgestopften Hund, ein besonders schön poliertes Glasauge gegen eine goldene Uhr (allerdings ohne Armband) oder eine Schüssel Kuchenteig gegen eine Schallplatte mit beliebten Kinderliedern und einen flauschigen Morgenmantel.

Und wie schön ist es, die dunkel glänzende Soße aus geschmolzenem Schokoladeneis von der rot lackierten Mahagoni-Anrichte zu lecken, wenn sich die Süße mit dem holzigen Geschmack verbindet! Wie gut macht sich smaragden durchscheinende Götterspeise in geschliffenem Kristall! Und, oh, wie prächtig nimmt sich das zottelige Bärenfell als Häuptlingsgewand aus!

So werden wir ewig leben, mit unserer furchigen Indianerhaut und unseren Piratenseelen. Unser Herr und Auftraggeber ist ein Sohn, der nicht mehr wiederkommt, doch wir halten die Treue, denn wir sind seine Verbündeten und seine Krieger. Seinen Zehen sind wir es schuldig, zu toben und zu wüten, zu nehmen und zu triumphieren.

Es ist ein herrliches Leben.

JOCHEN

VON FRANZISKA FEJFAR

Obwohl ich mich noch bei der Morgentoilette befand, hob ich ab, als das Telefon klingelte.
»Ja, bitte?«
Es schnaufte aus dem Hörer, dass meine Brille beschlug: »Jochen! Zum Glück! Sie müssen mir helfen!«
Nun heiße weder ich selbst Jochen noch irgendjemand aus meinem Bekanntenkreis. Darüber klärte ich auch den Anrufer auf: »Es tut mir außerordentlich leid, aber Sie scheinen da einem Irrtum aufgesessen zu sein. Ich muss Ihnen mitteilen, dass ich keinen Jochen kenne und auch kein Jochen bin.«
»Kein Jochen?«, schrie es, und leise verzweifelt: »Dann ist es – aus. Es gibt nur diesen einen Reim auf ›Knochen‹…«
»Ich verstehe nicht,« sagte ich, «da wären noch kochen, lochen, der Rochen, die Wochen, krochen, gerochen und verbrochen! Nebst den unreinen Reimen Socken, hocken, Rachen, Sachen …«
»Hören Sie auf! Sie verstehen in der Tat überhaupt nichts. Nur ein Name kommt in Frage. Sehen Sie, es geht immerhin um ein Schmuckstück von großem

materiellen und ideellen Wert, das ist meine ganze Erbschaft.«

Ich war zu diesem Zeitpunkt nur halb bekleidet, und mich fröstelte, und doch empfand ich langsam so etwas wie Mitleid für den Verzweifelten. »Entschuldigung.«, sagte ich daher, »Bitte, fahren Sie fort.«

»Meine arme Mutter konnte mir nichts als Ihren Verlobungsring und ein Gedicht hinterlassen. Sie hatte doch sonst nichts.« Es trompetete aus dem Hörer. »Um den Ring sicher aufgehoben zu wissen, gab sie ihn dann unserer alten Minka ins Futter. Bald war es vorbei mit Minka und nun liegt sie mit dem Ring unter dem Herzen an einem geheimen Ort begraben. Das Gedicht ist der einzige Hinweis, den meine Mutter mir noch geben konnte.«

»Wer ist Minka?«

»Unsere Katze!«, schluchzte es am anderen Ende.

»Und wie lautet es?«

»Was?«

»Das Gedicht.«

»Moment, ja, hier habe ich es schon. Hören Sie genau zu:

Mein lieber Sohn, ich werde sterben.
Ich hab nur dies, das sollst du erben:
Ein golden Ringlein mit Brilliant,

Das trug als Braut ich an der Hand.
Ich tat es wohl an sich'ren Ort,
Da ist es still, s'ist dunkel dort,
Der Katze Bauch ist der Tresor.
Sie fraß den Schmuck, stell dir nur vor!
Sie fraß und starb in den folgenden Tagen,
Ich begrub sie geheim, mit dem Ringlein im Magen.
Es sah nur einer, was passierte:
Ein Vögelein, das ich dressierte.
Und wie nun findest du die Knochen?
Den Weg kennt einer nur: der …

Das letzte Wort ist leider verwischt, wahrscheinlich von ihren eigenen Tränen.«

Frierend ging ich auf und ab. »Ich muss gestehen, ich bin gerührt und beeindruckt. Ihre Frau Mutter besaß ohne Frage große dichterische Begabung. Aber wenn Sie die Frage erlauben: Wieso rufen Sie nun ausgerechnet mich an?«

»Ich habe das Knochenorakel befragt«, seufzte er.

Es war durchaus folgerichtig. »Natürlich.«

Die ganze Sache war äußerst merkwürdig. Auch der Kanarienvogel wurde von der Stimmung angesteckt und hüpfte im Käfig umher. Er war mir vor einem halben Jahr zugeflogen und neigte ohnehin zur Nervosität. »Wer weiß schon, was so ein Vogel vorher erlebt hat, sie sprechen ja leider nicht«, dachte ich. Ich hatte diesen Gedanken offenbar laut ausgesprochen, denn mein Gesprächspartner wurde ganz aufgeregt.

»Das ist es, das ist es! Passen Sie auf: Sagen Sie langsam und deutlich das Wort ›Knochen‹! Bitte, bitte versuchen sie es! Nichts anderes! ›Knochen‹!«

»Sie meinen zu dem Vogel? Was versprechen sie sich denn davon?«

»Nun machen Sie schon!«

»Ich hoffe, Sie sind hinterher nicht enttäuscht. Ein Vogel versteht nichts von den ernsten Dingen des Lebens. Aber bitte: Knochen.«

Da flatterte es plötzlich nur so im Käfig und etwas Unglaubliches ereignete sich. Der Kanarie sprach! Und zwar sagte er laut und deutlich: »Jochen!«, und nach einer rhetorischen Pause noch einmal: »Jochen!«

»Ich hatte Recht! Ich hatte Recht! Ihr Vogel heißt Jochen! Warum haben Sie das verschwiegen?«

»Ich wusste es nicht. Er ist mir doch zugeflogen …«

»Kommen Sie in einer halben Stunde zum botanischen Garten. Ich warte am Haupteingang. Und bringen Sie das Tier mit!«

»Aber was …«, hob ich an, da klickte es in der Leitung. Er hatte aufgelegt.

Ich zog den Mantel an und griff nach dem Käfig.
»Jochen ...«, sagte ich halblaut vor mich hin und schüttelte den Kopf.
»Knochen!«, erwiderte freudig der Kanarie.

MITBEWOHNER

VON FRANZISKA FEJFAR

Wir fantasierten wieder einmal vor uns hin.
»Stell dir zum Beispiel mal Folgendes vor«, sagte Paula zu mir, »eines Tages machst du die Tür zu deinem Badezimmer auf und schaust direkt in zwei untertassengroße Augen. Dann wäre dir doch sofort alles klar; es wäre gleich klar, dass dieses dürre, affenähnliche Wesen mit dem verschrumpelten Gesicht und dem schütteren Pelz, das – eben noch am Duschkopf leckend – aus seinen verengten Pupillen in deine zurückstarrt, schon die ganze Zeit da war. Du hast es schließlich schon immer gespürt, dass nicht nur du in dieser Zweizimmerwohnung gehaust hast. In deinem Schatten lebte noch etwas anderes, es vegetierte jahrelang ungesehen in Truhe, Schrank und Nische und kam nur im Dunkeln, wenn du

geschlafen hast, hervor, um sich von tropfenden Wasserhähnen, Topfpflanzen und Abfällen zu ernähren. Nun steht ihr euch gegenüber, mit dieser Erkenntnis und der Gewissheit, dass die nächste Bewegung entscheidend sein wird.«

Paula geriet jetzt geradezu in Aufregung: »Dein Leben kann nicht mehr weitergehen, wie bisher, die Entscheidung ist unvermeidlich, und alles ist jetzt möglich.«

Abwägend nickte ich.

»Was würdest du dann tun? Würdest du, zu Bewegungslosigkeit erstarrt, darauf warten, dass das Pelztier sich an der Dusche erhängt? Würdest du einen deiner schweren Stiefel ausziehen und mit dem Blockabsatz so lange zuschlagen, bis es aufhören würde zu stöhnen? Würdest du einfach gehen, aus der Wohnung heraus, aus der Straße heraus, aus dem Viertel und der Stadt und nie mehr zurückkehren?«

Aber Paula weiß nicht, wovon sie spricht, denn es ist ja bereits geschehen, und das Wesen trägt weder einen Pelz, noch ist es im eigentlichen Sinn ein Tier. Nur die Augen waren wirklich rund und groß wie Untertassen, als ich, ohne eine Regung zu zeigen, die Tür wieder schloss. Und obwohl ich es nie wieder gesehen habe, weiß ich, dass es immer noch da ist. Es ist hinter, unter und neben mir und manchmal frage ich mich, ob es nicht auch in mich hineinschlüpfen kann und ob dies nicht die einzig einleuchtende Erklärung für seine Unsichtbarkeit wäre, aber das sind Fantasiegespinste. Die meisten Kulturen sind sich darin einig, dass man einen Hausgeist günstig stimmen soll, und wenn mein Mitbewohner auch kein Geist ist, werfe ich doch Fleisch und Butter in großen Klumpen als Opfergabe in den Müll; manchmal, an Festtagen, ist auch ein rohes Ei dabei.

Es gibt nichts zu befürchten. Aber wenn ich den Müll aus der Wohnung trage, kann ich meinen Blick nicht kontrollieren, und jedes Mal sucht er durch den trübe verschmierten Plastiksack nach den Resten meiner Gaben.

Geschichten sind bereits lebendig;
sie fliegen durch die Welt
und müssen nur eingefangen werden –
das Einfangen der einzelnen Puzzleteile,
die sich später zu einem faszinierenden
Gesamten fügen, ist das wirklich Spannende.

BINA HAGEMANN (A. Barbina) wurde 1981 geboren und lebt in München, wo sie Psychologie studiert. Sie schreibt Romane und Lyrik (Veröffentlichungen in beiden Bereichen), außerdem ist sie Musikerin (Website: www.barbina.de).

IM NAMEN DES FRIEDENS

VON A. BARBINA

Ryan ging lässig die Rolltreppe hinunter zu den U-Bahngleisen, wobei ihn das angenehme Gefühl von warmen Sonnenstrahlen auf seiner Haut im Stich ließ und vor einer kühlen, miefigen Atmosphäre floh. Während er einen Slalom durch die anderen Menschen lief, fragte er sich, was heute schon wieder los war. Es war weder Berufsverkehrszeit, noch gab es in der Nähe eine größere Veranstaltung, aber die Menschen waren schon wieder in Massen unterwegs. Resigniert lehnte er sich schließlich an eine Säule, wo er auf seine U-Bahn wartete. Auch Sitzplätze gab es keine mehr.

Seine Augen blieben an einem großen Werbeplakat schräg gegenüber hängen, dessen langweilige Schriftzüge er gar nicht las, sondern sich nur das Bild ansah, über das er sofort hätte ablästern können. Die ständige Hektik um ihn herum machte ihn aggressiv, und er verfluchte sich selbst, weil er seinen MP3-Player zu Hause vergessen hatte. Stattdessen haftete ihm nun das einheitliche Geräusch der anderen wartenden Fahrgäste in den Ohren.

Ein Zug nach dem anderen fuhr ein und wieder aus,

Lautsprecheransagen, die er hätte auswendig mitsprechen können, ertönten im Minutentakt. So wie jeden Tag, an dem Ryan unterwegs war, und als Student war man fast jeden Tag unterwegs, wohin auch immer.
Erleichtert trat er einige Schritte vor, als seine Bahn endlich einfuhr, und stieg ein. Er suchte sich einen Sitzplatz. Auch hier war die Auswahl nicht groß. Kurzerhand setzte er sich neben einen Mann mittleren Alters, der die einzige Wahl darstellte, wenn er nicht in einer Gruppe von lärmenden Kindergartenkindern seine Heimreise antreten wollte.
»Hey«, sagte der Mann zur Begrüßung, und Ryan heyte zurück. Er hatte es nur selten erlebt, dass er von fremden Menschen in der U-Bahn angesprochen worden war, doch es kam vor.
»Und, wo geht's hin?« Auch das noch. Sein Nachbar schien auf eine Runde Smalltalk aus zu sein, wozu Ryan eigentlich gar keine Lust hatte. Doch schließlich dachte er sich: »Was soll's«, und kam auf den Gedanken, dass die Zeit so vielleicht schneller vergehen würde. Möglicherweise würde ihm der etwas seltsam erscheinende Typ einige verquere Geschichten aufbinden, die er später zur Belustigung seinen Freunden erzählen könnte, oder interessante

Neuigkeiten, die zu belanglos waren, als dass Ryan sich selbst mit ihnen aus zum Beispiel der Bild-Zeitung versorgt hätte. Mindestens jedoch würde er eine gute Tat damit vollbringen, dem Alten zuzuhören, der ganz wild darauf zu sein schien, sich irgend jemandem mitzuteilen.

»Bis zur Central Station, dann muss ich noch mal mit dem Bus fahren, bis ich zu Hause bin.«

Der Mann musterte Ryans große Ledertasche: »Student?«

»Ja. Und was machen Sie so?«

»Ich arbeite für eine Vereinigung.«

Ryan zog die Augenbrauen hoch, um Interesse zu demonstrieren: »Eine Vereinigung?«

Der Mann nickte langsam: »Ja. Wir arbeiten für den Frieden.«

»Aha, für den Frieden. Das ist eine gute Sache.«

Beide saßen da und nickten eine Weile vor sich hin. Ryan wunderte sich ein wenig über seinen Gesprächspartner. Erst war der scharf darauf gewesen, eine Unterhaltung zu führen, und nun war Ryan derjenige, der das Gespräch am Laufen halten musste: »Arbeiten Sie für eine bekannte Organisation?«

»Ja. Solche Dinge lohnen sich nicht, wenn sie im kleinen Rahmen aufgezogen werden.«

Ryan verstand, was sein Sitznachbar sagen wollte: »Ja, das stimmt. Gerade wenn es um so eine große Sache geht wie den Frieden, erreicht man nur in einer großen Gruppe etwas. Es gibt viele Einzelorganisationen, die sich auch privat engagieren, aber ich glaube, wenn man wirklich etwas bewirken will, muss man schon in einer größeren Organisation tätig sein.«
»Genau so ist es.« Der Mann lächelte.
Ryan nickte nachdenklich, während viele Fragen in ihm aufkeimten. Er hatte noch nie mit jemandem gesprochen, der für den Frieden arbeitete. Wahrscheinlich war der Mann bei der UNO oder bei UNICEF oder einer anderen großen Organisation, die er mit einer solchen Vorstellung in Zusammenhang brachte. Möglicherweise war dieser Mann hier sogar berühmt oder würde es einmal werden. Vielleicht hatte er ihn schon einmal im Fernsehen gesehen, sein Gesicht kam ihm plötzlich so bekannt vor. Ryan musste einfach die Frage stellen, die ihm auf der Zunge lag: »Verdient man dabei wenigstens gut? So eine Tätigkeit erfordert doch bestimmt viel Engagement!«
Der Mann schnitt eine Grimasse, als überlegte er: »Die Bezahlung ist okay. Aber wie überall könnte sie besser sein.«

»Ja, das geht mir mit meinen Studentenjobs genau so. Haben Sie schon einmal daran gedacht, etwas anderes zu machen?«

»Ja.«

Ohne es zu merken, trommelte Ryan mit seinem Zeige- und Mittelfinger auf seinem Knie herum: »Und wie sind Sie dann überhaupt dazu gekommen? Was genau machen Sie dort eigentlich?«

Entspannt lehnte sich der Mann zurück und begann endlich, etwas mehr zu erzählen: »Irgendwie bin ich da so reingerutscht. Ein Bekannter von mir hat mich Leuten vorgestellt, die dort arbeiten und die haben mir schließlich einen Job angeboten. Ich war gerade ziemlich pleite, also habe ich angenommen. Meine Aufgabe besteht vor allem darin, an der Organisation von Einsätzen mitzuarbeiten, diese vorzubereiten und gegebenenfalls ihre Durchführung zu überwachen. Auch nach neuen, kompetenten und zuverlässigen Mitarbeitern müssen wir die Augen offen halten. Gute Kräfte sind immer schwer zu finden für diese Branche.«

Wieder nickte Ryan: »Das kann ich mir vorstellen! Ganz ehrlich, ich habe den größten Respekt vor dem, was Sie tun. Aber ich glaube, ich würde so etwas nie machen. Der Einsatz, den man erbringen muss, und das Risiko, dem man sich aussetzt, sind doch garantiert enorm hoch, und Überstunden muss man bestimmt auch viele machen, oder?«

»Das ist wahr.«

Wie zur Selbstbestätigung seiner richtigen Vermutung, wandte Ryan seinen Blick ruckartig fort, während er sich einmal kurz mit der Hand auf sein Knie schlug: »Hab ich' s doch gewusst!«

Allerdings kam er sich mit seinem Benehmen auch ein wenig erbärmlich und wie ein Looser vor, weshalb er anfügte: »Nicht dass Sie das jetzt falsch verstehen. Aber ich glaube, um so einen Job machen zu können, muss man eine ganz bestimmte Sorte Mensch sein.«

Der Mann klopfte Ryan auf die Schulter: »Da hast du recht, mein Junge. Viele halten das nervlich nicht durch.«

Ein Funkeln blitzte in Ryans Augen auf und seine Gesichtsmuskeln schienen sich zu entspannen, während die Andeutung eines Lächelns seine Mundwinkel zucken ließ: »Das kann ich voll verstehen!«

Sein Gesprächspartner stand langsam auf, schnallte sich seinen Rucksack um und wollte zum Ausgang gehen, blieb aber noch einmal stehen und sagte

zu Ryan gewandt: »Falls du heute noch mal weg willst, fahre nicht mit der Linie 3.«
Ryan war überrascht: »Warum nicht?«
»Ich muss da heute noch arbeiten.«
»Ah, verstehe. Dann wird es wohl einen ziemlich großen Menschenauflauf dort geben und ein Durchkommen wird schwierig sein, he?«
»Ja, so in der Art.«
Die Bahn wurde langsamer. Bevor der Mann durch die elektronische Tür verschwand, sagte Ryan: »Wird das eine größere Sache, ja? Ich habe davon noch gar nichts mitbekommen.«
»Wir kündigen solche Aktionen meistens nicht an.«
Dann war er fort und Ryan starrte nachdenklich auf die sich wieder schließende Tür. Das, was der Mann gesagt hatte, erschien ihm plausibel. Wahrscheinlich würden zu viele Leute eine solche Veranstaltung umgehen, weil sie keine Lust auf den Menschenstau und vielleicht auch nicht auf das Thema hätten. Auch Ryan selbst musste zugeben, dass er alles andere als scharf darauf wäre, an einer solchen Veranstaltung teilzunehmen, bei der man mit Sicherheit mit einem halben Regenwald in Form von Flugblättern, Broschüren und anderem Infomaterial zugemüllt wurde, das Geschrei von irgendwelchen munter verkündenden Botschaftern

in den Ohren und jeder Menge Kugelschreiber mit Werbeaufdrucken, die einem von allen Seiten entgegengestreckt wurden, um möglichst schnell das irgendwo anhängende Spendenüberweisungsformular ausfüllen zu können, was einen erheblich aufhielt, wenn man schnell von A nach B gelangen wollte. Auf der anderen Seite hätte eine entsprechende Ankündigung von einer Demonstration oder einem Infotag oder was auch immer diese Organisation geplant hatte, von vornherein mehr Menschen anziehen können, die vielleicht wirklich daran interessiert gewesen wären, sich entsprechend zu informieren oder eine Gelegenheit zu erhalten, für einen guten Zweck tätig zu werden. Er zuckte mit den Schultern, während er seine Aufmerksamkeit dem vorbeiziehenden Bild auf der anderen Seite der Fensterscheibe widmete. Marketing und Wirtschaft waren noch nie sein Ding gewesen.

Einige Stunden später hatte Ryan es sich auf der Couch bequem gemacht, wo er sich einen Cartoon ansah. Ein hellbraunes Comicwesen mit jeweils einem Hunde- und einem Katzenkopf alias Catdog stritt sich mit einer Bande von fies aussehenden Vierbeinern. Immer noch hingen Ryan einige Gesprächsfetzen aus der Unterhaltung mit dem Mann in der U-Bahn in den Ohren. Auf seltsame Art und Weise wollte ihn die

Konversation nicht loslassen. Irgendetwas störte ihn, wenn er darüber nachdachte. Hatte es ihn auf seine eigene Untätigkeit aufmerksam gemacht, was soziales und politisches Engagement anging, und war dieses komische Gefühl so etwas wie ein schlechtes Gewissen? War er vielleicht doch mehr daran interessiert, sich zu informieren und auch seinen Teil zu etwas Gutem in der Welt beizutragen, als ihm bisher bewusst gewesen war? Zum Teufel, musste denn heutzutage jeder ein Samariter sein? Ryan war kein schlechter Mensch, aber auch keine Mutter Teresa. Er war jung, ohne Geld und ohne Freundin, dafür mit einem Haufen an Lernmaterial, das man ihm ins Gehirn stopfen wollte, und als Preis dafür erwarteten ihn nach Abschluss seines Studiums Berge von Schulden. Momentan gab es genug Chaos in seinem eigenen Leben, gegen das er ankämpfen musste. Die Stimme des Mannes aus der U-Bahn hallte in seinem Kopf wieder: »Viele halten das nervlich nicht durch.«

Da wurde der Fernsehbildschirm für eine Sekunde schwarz und eine Nachrichtensprecherin erschien, die eine Sondersendung ankündigte aufgrund einer Katastrophe, die großen Schaden angerichtet und hohe menschliche Verluste gefordert hatte: Auf der U-Bahn-Linie 3 war eine Bombe explodiert.

Sprache hat mich schon immer fasziniert –
ihr Klang, die geschriebenen Worte, die Bilder und Welten,
die sie entstehen lassen und sichtbar machen kann.
Ähnlich wie ein Maler. Und schon immer habe ich Gedanken
und Geschichten in meinem Kopf gehabt,
die gesagt werden wollen, damit andere sie hören können.

PIA JOHANNA JAEGER, geboren 1979 in Münster, studiert an der Hochschule für Politik in München. Zuvor Ausbildung zur Juristin an der LMU. Neben dem Schreiben arbeitete sie mit bei der »Münsterschen Zeitung« und »Marie Claire« Deutschland.

BLAUER HIMMEL

VON PIA JOHANNA JAEGER

Er fühlte sich beobachtet. Damit fing alles an. Es war, als würden lauter kleine Nadelstiche seinen Rücken quälen. Die Augen, die ihn mit ihren Blicken verfolgten. Es hörte nicht auf. Es wurden jeden Tag mehr. Er empfand es als Schmerz, wenn sie sich in seinen Körper bohrten. Dabei hatte sich sein Leben nicht geändert. Es war so wie immer. Er stand um die gleiche Uhrzeit auf. Er zog sich an und ging in das kleine Bad seiner Einzimmerwohnung, um sich zu waschen. Er aß das immer gleiche Frühstück, bestehend aus Brot und Kaffee. Nur am Wochenende fiel es etwas üppiger aus.

Er trat pünktlich aus dem Haus, stieg in den Bus und fuhr zur Arbeit. Er dachte dabei an nichts Besonderes. Ihn beschäftigte nichts. Er hielt sich an seinen gewohnten Ablauf und verlor sich in seinem immer gleichen Rhythmus der morgendlichen Vorbereitungen. Während der Busfahrt sah er aus dem Fenster und beobachtete die Menschen. Er dachte nicht über sie nach. Fragte sich nicht, was sie machten oder wo sie hinwollten. Es interessierte ihn nicht. Er sah sie nur vorbeiziehen.

Er verließ den Bus und betrat das Ministerium. Seine Arbeit bestand aus Lesen und Protokollieren. Er kontrollierte Post und Verträge auf verdächtigen Inhalt. Persönliche, förmliche, traurige und lustige Briefe. Sie berührten ihn nicht. Die Menschen dahinter hatten für ihn keine Gesichter. Er las nur, was sie irgendwem geschrieben hatten. Das war nicht wirklich für ihn.
Er arbeitete in einem großen Büro mit drei Kollegen. Das ganze Gebäude war aus Glas, die Büros funktional eingerichtet. Er hatte sich immer wohlgefühlt in den hellen Räumen, in die viel Licht kam und aus deren Fenstern er den Himmel sehen konnte. Bis er anfing sich beobachtet zu fühlen. Das Glas wurde ihm zu durchsichtig. Es ließ ihn verletzlich werden.
Seine Kollegen mochten ihn. Er war hilfsbereit und gleichbleibend freundlich. Es kam ihm nicht in den Sinn, anders zu sein. Er war absolut loyal. Seine Arbeit verrichtete er gewissenhaft und pflichtbewusst. Er hinterfragte nichts. Er kam nicht darauf. Bis es anfing.
Er wusste, dass die Menschen beobachtet wurden. Zu ihrer eigenen Sicherheit. Die Abteilung, die dafür zuständig war, lag genau unter seiner, und er fuhr jeden Morgen in dem gläsernen Fahrstuhl an ihrem Stockwerk vorbei.

Er kannte dort jemanden. Einmal die Woche trafen sie sich in der Kantine zum Mittagessen. Immer mittwochs. Meistens aß er Fisch. Diesmal war es anders. Sein Freund oder Bekannter, das wusste er nicht genau, sah angespannt aus. Wachsam. Vorsichtig setzte er sich zu ihm und stellte sein Tablett leise ab. Das Besteck klirrte.

»Du bist auf unserer Liste. Du wirst beobachtet.«

Er erschrak. Die erste Frage, die sich ihm stellte, war, warum. Er hatte nichts anderes gemacht als sonst. Sein Leben verlief immer gleich.

»Du hast einen Brief bekommen. Von deiner Mutter.«

Das konnte nicht sein. Seine Mutter war tot. Er war bei ihr gewesen, als sie starb.

Sie hatte ihm gesagt, dass er was aus seinem Leben machen sollte. Es war unmöglich, dass sie ihm einen Brief geschrieben hatte.

»Aber sie ist tot,« fuhr sein Gegenüber fort, da er nichts gesagt hatte, und beobachtete ihn aufmerksam. Er war verwirrt.

»Wie kann das sein?«

»Genau das macht dich verdächtig.«

Er nickte. Er kannte das ja. Er suchte selbst verdächtige Passagen aus Briefen und kontrollierte die Absender. Dann gab er die gesammelten Daten

weiter und die Personen wurden überwacht. Jetzt war er dran. Das konnte wohl jedem passieren. Niemand fiel ihm ein, der ihm so einen Brief hätte schreiben können. Aber ein Versehen war es nicht, denn der Absender war seine Mutter. Also schwieg er. Er hatte nichts zu sagen.
Sie beendeten ihr Essen. Es wurde nicht mehr über die Arbeit, über das Wetter oder über die Fortschritte der Kinder seines Gegenübers gesprochen. Zum Abschied nickten sie sich zu, wie gewohnt, obwohl auf einmal alles anders war.
Im Fahrstuhl kam ihm der Gedanke, dass es wohl das letzte gemeinsame Mittagessen war. Das störte ihn. Als er auf den Gang trat, tat sein Rücken wieder weh. Schnell sah er sich nach allen Seiten um.
Sie beobachteten ihn. Alles, was er tat. Jede Handbewegung, jeden Blick. Er durfte sich nichts anmerken lassen. Sie sollten nicht wissen, dass er es wusste. Er musste unauffällig sein. Er beugte sich über die Briefe und tat, als würde er arbeiten. Aber er konnte sich nicht konzentrieren. Stattdessen fragte er sich, wen sie wohl sahen, wenn sie ihn beobachteten. Dabei hatte er nur alles richtig machen wollen. Über die Briefe hinweg betrachtete er seine Kollegen. Ob sie etwas ahnten? Hatte einer von ihnen den Brief

seiner Mutter weitergegeben? Was stand überhaupt in dem Brief? Er schreckte jedes Mal auf, wenn jemand an seinem Büro vorbei lief. Vielleicht war es einer der Beobachter. Niemand wusste, wie sie aussahen oder wer sie waren. Aber es gab sie.
Das erste Mal in seinem Arbeitsleben war er froh, als er nach Hause gehen konnte. Im Bus sah er sich ständig um, als könnte er so jemanden sehen, der ihm folgte. Es kamen mehrere in Betracht. Er konnte sich nicht sicher sein. Zurück in seiner Wohnung verriegelte er die Tür. Er fühlte sich gefangen und kam nicht zur Ruhe. Auch das würden sie sehen. Sein Rücken brannte. Er nahm eine Schlaftablette.
Das tat er jetzt jeden Abend nach der Arbeit. Er sah sich ständig um. Er konnte nicht mehr essen. Dann kam das Wochenende. Er beschloss raus zu fahren. Die Stadt engte ihn ein. Das Verfolgtwerden. Er wollte frei sein. Er hatte sich keine Gedanken über Freiheit gemacht. Er hatte sich nicht unfrei gefühlt. Bis jetzt. Auf einmal war es anders. Das Gefühl war ihm fremd und verunsicherte ihn. Es warf ihn aus seinem Rhythmus.
Mit dem Bus verließ er die Stadt. Er kam in einen Park. Es waren Bäume dort und ein Fluss. Er war es nicht mehr gewohnt, spazierenzugehen. Es waren

nur wenige Menschen unterwegs. Er war fast allein. Es war nicht üblich in den Park zu gehen. Draußen zu sein. Eigentlich war man immer drinnen, in Gebäuden. Die Natur hatte keinen Platz in der Stadt.
Der Wind fuhr durch seine Haare. Er hörte das Wasser rauschen und plätschern. Und es wurde ihm bewusst, dass er etwas vermisst hatte. Hier war Leben. Die Bäume, das Gras. Alles lebte. Er dachte an sein helles, funktionales Büro. Wo war sein Leben?
In der nächsten Woche bestellten sie ihn zu sich. Es waren vier Männer, und sie fragten ihn nach dem Brief, nach seinem Ausflug in den Park. Was er dort gewollt hatte. Er beantwortete die Fragen, so gut er konnte. Sie waren nicht unfreundlich zu ihm. Sie bedrohten ihn nicht. Sie machten keine Vorwürfe, sie fragten nur. Das machte ihm Angst. Und es machte ihn wütend. Das kannte er nicht, Wut. Er konnte in den Park fahren, wenn er es wollte. Es war seine Sache.
Am nächsten Wochenende fuhr er wieder. Aus Trotz. Es war nicht schön. Es tat ihm nicht gut. Ständig blickte er sich um.
Und wartete, ob sie ihn wieder holen ließen. Sie taten es nicht. Das Warten war anstrengend. Er nahm jetzt abends zwei Tabletten.

Die nächsten Wochenenden fuhr er nicht mehr aus der Stadt heraus. Er blieb in seiner Wohnung. Er fühlte sich gefangen. Plötzlich wusste er, was zu tun war. Er würde kündigen und in ein anderes Land gehen. Er hatte Geld gespart.
Er schrieb die Kündigung und gab sie ab. Er war aufgeregt und erleichtert. Er stellte einen Visumsantrag für eine Urlaubsreise. Man musste ja nicht alles sagen. Er hatte noch nie gelogen. Es war aufregend und beängstigend zugleich. Was, wenn er erwischt würde? Er wartete drei Wochen, dann rief er im zuständigen Amt an. Man könne ihm das Visum leider nicht ausstellen, da er die erforderlichen Gebühren nicht bezahlt habe. Das konnte nicht sein, er hatte das Geld längst überwiesen. Er ging zur Bank. Sein Konto sei leider gesperrt, Anweisung von oben. Angeblich habe er Schulden bei seinem Arbeitgeber. Er vereinbarte einen Termin mit seinem Arbeitgeber. Vier Wochen später bestellte man ihn zu einem Gespräch. In der Zwischenzeit musste er weiterarbeiten wie gewöhnlich. Nur dass es nicht mehr gewöhnlich war.
Er könne nicht kündigen, sagte man ihm. Niemand könne das. Das Ministerium verlasse keiner. Was denn sein Problem sei. Wieder versuchte er ihre Fragen

zu beantworten, aber diesmal log er. Er wolle Urlaub machen. Er sei einfach ein bisschen müde. Auch Urlaub gebe es nicht. Er könne ja bei den Betriebsurlauben mitfahren. Niemand fahre alleine irgendwohin, geschweige denn in ein anderes Land. Das eigene Land sei schön genug. Man bot ihm an, sein Konto wieder zu entsperren, seine Kündigung zu vergessen. Er nahm das Angebot an.

Alles wurde wieder wie früher. Er fuhr nicht mehr in den Park. Mittwochs aß er mit seinem Freund oder Bekannten zu Mittag und sprach über das Wetter, über die Fortschritte von dessen Kindern. Sein Rücken tat weh. In seiner Brust zog sich etwas zusammen, sobald er den Himmel sah. Deswegen sah er nur noch auf den Boden. Er ertrug das Blau nicht. Es brachte ihn durcheinander. Abends nahm er Schlaftabletten. Er träumte sonst. Von einem anderem Leben, das ihm nicht erlaubt wurde, obwohl es seins war. Das tat weh.

Dann sah er eines Morgens nach oben. Es war ein Versehen. Er öffnete das Fenster und streckte die Arme zum Himmel. Er wollte ihn erreichen, das Blau berühren. Er sprang.

Ich versuche mit meinen Texten die Abbildung
von Vergangenheit, Gegenwart und Zukunft
in der menschlichen Psyche aufzuspüren und
damit verschiedenste Gefühlszustände auszuloten.
Am Ende bleibt immer die Frage, was wäre wenn?

MARKUS MICHALEK, geboren 1980 in Rosenheim, lebt in München und studiert an der Ludwig-Maximilians-Universität Literaturwissenschaft, Politische Wissenschaft und Deutsch als Fremdsprache. Anthologiebeitrag in: »Sichtweisen«, Leipzig: Engelsdorferverlag, 2007. Blogprojekt: www.schelling48.blogspot.com

DREI STÄDTE

VON MARKUS MICHALEK

PARIS

Mein Französisch ist schlecht. Ich weiß, dass ich diese Klasse wiederholen werde, mit einer Bombensechs. Aber ich weiß auch, dass ich zwei Mal auf die Klassenfahrt mitkommen darf. Im Bus ist es stickig. Morgen ist der dreißigste April und ich habe Geburtstag. Meinen siebzehnten Geburtstag feiere ich in Paris. Und kann so gut wie kein Französisch. Draußen blüht bereits der Raps. Abgesehen von unserem Bus begegnen wir nur wenigen Autos. Die meisten von uns sind gut gelaunt, ich höre Musik mit meinem Walkman. Blicke aus dem Fenster auf die gelben, ewig scheinenden Rapsreihen, die sich bis zum Horizont erstrecken. Irgendwie hatte ich mir Frankreich anders vorgestellt. Nach den zwei Stunden, die ich bereits in einer embryonalen Haltung, die Knie hochgezogen und an die Lehne des vorderen Sitzes gestützt, verbracht habe, weiß ich, dass ich es vermutlich nicht mögen werde.
Neben mir im Bus sitzt Martin. Wir sind in derselben Klasse; aber würde mich jemand fragen, wer Martin ist, wüsste ich keine Antwort. Vor uns sitzen

zwei Mädchen. Beide haben eine Eins in Französisch. Sie werden den Leistungskurs nehmen, während ich mich nochmals mit dem Stoff der elften Klasse abquälen muss. Die linke ist blond, eingebildet; sie weiß, dass sie schön ist. Die rechte hat rote Locken. Ihr Name ist Claire. Sie ist halb Französin und diejenige im Bus, die sich am meisten auf diese Fahrt gefreut hat. Seit einem Jahr denke ich an sie, wenn ich morgens aufwache. Unter der Dusche später verliere ich keine Zeit. Wir sprechen nur selten miteinander. Was sollte ein Mädchen, deren Muttersprache Französisch ist, auch mit mir anfangen wollen?
Die ältere Lehrerin und der junge Referendar, die uns begleiten, haben uns gewarnt. Mit Englisch kommt ihr nicht weit und Deutsch könnt ihr gleich vergessen, also lernt! Dass das auch die eigenen Mitschüler mit einschließt, haben sie nicht erwähnt.
Claire nahm das erste Mal Gestalt in meinem Kopf an, als sie am Ende des letzten Jahres ein Gedicht von Baudelaire vortrug. Ich mochte das Gedicht, noch bevor ich die Übersetzung in der Bibliothek nachschlug. Es hieß »à une passante.« Die Sonne hatte auf ihren roten Locken geglänzt, und ich konnte meinen Blick nicht mehr von ihr abwenden.

Nach der Stunde ging ich zu ihr hin. »Dein Gedicht hat mir gut gefallen.«
Sie sagte nur: »Du hast es doch gar nicht verstanden.« Sie rümpfte die Nase und ließ mich stehen, hakte sich bei Martin unter, der jetzt neben mir sitzt. Eine Zeitlang hielt sich das Gerücht, dass sie mal mit Martin gegangen war. Genau wusste das aber niemand.
Ich schloss das letzte Schuljahr dann mit einer Fünf in Französisch ab. Obwohl ich Baudelaire seitdem sehr gerne mochte, wurden meinen Noten nicht besser. Vielleicht lag es daran, dass wir im Unterricht nicht mehr über ihn sprachen. Die ältere Lehrerin legte großen Wert darauf, dass wir uns unterhielten, und ließ uns ewige Übungen machen, die sie Konversation nannte.
Noch ein paar Monate, dann bin ich nicht mehr mit ihr in einer Klasse. Vielleicht höre ich dann auf, an sie zu denken.
Der Bus war später an einer Raststätte stehen geblieben. »Pause. Kein Bier, keine Zigaretten«, sagte der Referendar. Wie alt war er eigentlich? Es war kein großes Geheimnis, dass die Hälfte aller Mädchen aus meiner Klasse in ihn verliebt war. Seit er aus dem Nichts zu uns gekommen war, zogen sie

sich anders an. Kürzere Röcke als zuvor. Schminke im Gesicht, und manche stopften sich ihre BH's mit Tempos aus, erzählte Martin. »Weißt du das von Claire?«, hatte ihn einer gefragt, dessen Namen ich vergessen habe. Martin blickte ihn nur wütend an. Draußen auf dem Rastplatz war es noch schwüler als im Bus. Der Raps blendete. Ich war durstig, ging hinein. Dreimal versuchte ich dem Mann hinterm Tresen zu erklären, dass ich eine Cola wollte, dreimal blickte er mich nur verständnislos an. »Donnez-lui un Coca, s'il vous plaît!«, sagte jemand neben mir. »Oui, Mademoiselle«, antwortete er. »Du sprichst wirklich kein Französisch«, sagte Claire. In ihrem Gesicht vermischte sich Mitleid mit Erstaunen.
»Freust du dich auf Paris?«
Ihr Blick blieb einen Moment an meinen Augen hängen. »Zahl mal«, sagte sie. Ihre Augen waren grün. Ich war so verdutzt, dass ich vergaß mich zu bedanken. Ich gab dem Mann einen Hundert-Franc-Schein, um mir weitere Peinlichkeiten zu ersparen. Er schüttelte den Kopf, gestikulierte mit den Händen. Ich wollte ihm wieder den Schein geben, aber er schüttelte wieder seinen Kopf. Ich blickte ihn fragend an, er nickte. Lächelte, als wollte er sagen: Wird schon Junge. Als ich mich umdrehte, war sie bereits weg.

Sie stand vor dem Referendar, die Hände in die Hüften gestemmt. Sprach auf ihn ein. Einen Moment später löste er sich und kam auf mich zu. »Weißt du«, begann er, »vielleicht ist es besser, wenn du auf dieser Reise keine Extratouren machst. Die Franzosen sind sehr nett, aber wenn man kein Französisch spricht, kann es mitunter schwierig werden.« Ich wusste nicht, was ich antworten sollte, also schwieg ich. Wir gingen zum Bus zurück. Die anderen lachten, Neuigkeiten sprachen sich schnell herum.

»Du bist eine Pfeife«, sagte Martin.

Ich hörte ihn nicht mehr, denn ich war bereits wieder in meine Embryohaltung zurückgekehrt. Die Kopfhörer über den Ohren schloss ich die Augen und versuchte zu beten, dass dieses Schuljahr schnell vorübergehen möge; selbst wenn ich dann nicht mehr mit ihr in einer Klasse wäre. Selbst, wenn das vielleicht hieß, dass ich irgendwann nicht mehr an sie, ihre roten Locken, ihre grünen Augen und ihre Stimme, mit der sie Baudelaire vorgetragen hatte, denken würde.

MÜNCHEN

In einer Stunde lande ich in München. Auf dem neuen Flughafen. Den alten haben sie vor einem Jahr geschlossen. Die letzten sieben Jahre habe ich in Paris gelebt. Mein Französisch ist mittlerweile besser, wie meine Pariser Freunde sagen.

Am letzten Schultag, als alle ihre Zeugnisse bekamen und ich die elfte Klasse wiederholen musste, war Claire auf mich zugekommen. Sie gab mir ein Buch. »Hier. Lern endlich«, sagte sie. Baudelaire, in einer zweisprachigen Ausgabe. An diesem Morgen bin ich mit dem festen Vorsatz aufgestanden, ein letztes Mal an sie zu denken. Es fiel mir nicht leicht. »Merci«, sagte ich. Mein »r« klang sehr hart, nicht weich wie ihres. Sie lächelte trotzdem.

Ich weiß noch, dass ich mir fest vorgenommen hatte, sie zu Beginn des nächsten Schuljahres mit einem Gedicht zu überraschen, auswendig vor ihr aufgesagt. Sie war nicht gekommen. Später erfuhr ich, dass sie die Schule gewechselt hatte.

Andrea. Lotte. Paula. Die waren nach Claire gekommen. Mit zwanzig hielt ich endlich mein Abitur in der Hand; Martin, von dem ich immer noch nicht wusste, wer er war, ging zur Bundeswehr. Gut für die Karriere, meinte er. Ich wollte ihn nie wieder sehen.

Drei Tage danach bin ich nach Paris getrampt. Nicht um Claire zu treffen, wie ich mir immer wieder eingeredet habe. Wo hätte ich sie auch suchen sollen? Nicht einmal die Blonde, die damals im Bus neben ihr gesessen hatte, wollte etwas von ihr gewusst haben. Ich kam dort an, mit meinem grünen Armeerucksack über der Schulter. Der Fahrer schmiss mich mitten auf einer Seine-Brücke aus dem Auto, »Paris, Junge«, sagte er nuschelnd.
Ich wusste nicht, was ich machen wollte. Nach drei Tagen, die ich mich herumtrieb, ging alles schnell. Als Küchenhilfe in einem Restaurant brachte ich es nach einem Jahr zum Barmann einer Diskothek. Irgendwann fing ich mit ein paar Anderen an, selbst Musik zu machen. Anfangs wollte ich noch singen, aber dann merkte ich, dass es mir mehr lag, Kassetten zu mischen.
Es war eine gute Zeit in Paris gewesen. Baudelaire leistete mir gute Dienste. Claire habe ich nicht ein einziges Mal gesehen, obwohl ich jeden Tag hoffte, ihre roten Locken irgendwo in der Menge der Menschen zu entdecken. Zwei, drei Mal dachte ich, sie wäre es. Aber immer war es eine andere, Pauline, Colette, Michelle, nie Claire.

Das Anschnallzeichen leuchtet. Musik mache ich nicht mehr. Irgendwann kam ich über meine Kontakte an eine Zeitung; man fragte mich, ob ich nicht einmal über die Musikszene in Paris schreiben möge. Ich blieb.

Deswegen bin ich heute hier. Zuerst München, später Berlin. Loveparade. Ich wollte diesen Umweg nehmen. Ich weiß, dass ich damals wegen Claire und ihren roten Locken nach Paris bin. Jetzt kehre ich wieder zurück.

Die Maschine ruckt, keine sanfte Landung. Der neue Flughafen gefällt mir. Es gibt Laufbänder, ich verbringe eine halbe Stunde damit, auf ihnen herumzufahren. Den grünen Rucksack, mit dem ich damals abgehauen bin, habe ich gegen einen schicken Aluminiumkoffer getauscht. Auf dem in die andere Richtung laufenden Band kommt mir eine Stewardess entgegen. Unter ihrem Käppi leuchtet es rot. Sie hat Locken.

Im Näherrollen werfen wir uns einen Blick zu. Unsere Augen lösen sich nicht voneinander. Air France steht auf ihrem Schal. Ich lächele, aber sie sieht mich nur an. Dann ist sie vorüber. Es dauert länger, als ich es erwartet hätte. Selbst heute bin ich mir noch absolut sicher, dass sie es war.

Natürlich habe ich mich damals nach ihr umgedreht. Bin den ganzen Flughafen abgelaufen, habe mich am Schalter von Air France nach einer Halbfranzösin mit dem Vornamen Claire erkundigt. Ihren Nachnamen kannte niemand. Dass sie also verheiratet war, störte mich nicht. Wenigstens einer von uns beiden, dachte ich später.

Ich blieb in München. Ich rief alte Bekannte an. Keiner wollte mir etwas erzählen, vielleicht wussten sie auch nichts. Die Blonde, die mich damals nie beachtet hatte, bot mir in einer Bar einen Blowjob an. »Was willst du denn noch von ihr«, fragte sie. Und nein, sie wisse nicht, was die kleine Französin mache.

Sie war ziemlich fertig. Ich ließ sie mit einer Ausrede am Tresen stehen. Ob Claire mich an diesem Tag am Flughafen erkannt hatte? Wenn ja, warum hat sie nichts gesagt?

VENEDIG

Mit meiner kleinen Tochter ging ich heute an einem Kanal spazieren. »Papa, hast du außer Mama jemals eine andere Frau gemocht?« Der Münchner Flughafen besaß mittlerweile einen zweiten Terminal, man plane einen dritten, stand in den Zeitungen, als wir abgeflogen waren. Meine Tochter ist zwölf. Was wusste ich in ihrem Alter von der Liebe? Weniger als heute und doch mehr?

»Ja. Ein paar. Aber nicht so wie Mama.«

»Welche am meisten?«

Sollte ich ihr wirklich davon erzählen? Andererseits würde sie bald selbst eine Frau sein.

»Eine Halbfranzösin. Ihr Name war Claire«, sagte ich.

Sie machte große Augen. »Als du in Paris warst?«

»Nein.«

»Wann dann?«

»Ich war ein paar Jahre älter als du jetzt. Siebzehn.«

»Hast du sie geküsst?«

»Nie.«

»Warum?« Sie ging neben mir, blickte zu mir hoch, ihre einfache Frage traf mich völlig unvorbereitet.

»Ich glaube, sie mochte mich nicht.«

»Warum?«

Ich schwieg.

»Manchmal geht es eben nicht, stimmt das?« Wie konnte es sein, dass Hannah, die gerade erst zwölf war, bereits diese Einsicht besaß?

»Wer hat dir diesen Blödsinn erzählt?«, fragte ich sie.

»Einer der Jungs aus meiner Klasse. Ich hasse ihn.«

Ich sah meine Tochter an. »Du darfst ihn nicht dafür

hassen. Hasse nie jemanden, den du geliebt hast.«
Ich versuchte heiter auszusehen.
»So, wie du Mama liebst, oder so, wie du die andere Frau geliebt hast?«
»Das geht dich nichts an, meine Kleine.« Ich hob sie hoch, drückte sie fest an mich.
»Lass mich runter Papa, lass mich runter!«
Wir verbrachten einen wundervollen Tag.
Am Abend, als ich Hannah ins Bett brachte, sagte ich: »Mein Kleines, ich gehe noch ein bisschen nach unten, an die Bar. Wenn du nicht schlafen kannst, ruf dort an.« Ich warf ihr einen Kuss zu.
»Papa? Liebst du die andere Frau immer noch?«
Ich konnte ihr Gesicht nicht sehen, denn das Licht war bereits aus.
Als ich einen Schritt auf sie zumachte, sagte meine Tochter, »Gute Nacht, Papa, bis morgen.«
Eine Antwort blieb ich uns beiden schuldig.
Im Aufzug nach unten zitterte ich leicht. Hannahs Mutter lernte ich kennen, weil ich in München geblieben war. Es war nicht die große Liebe auf den ersten Blick gewesen, aber es reichte, um ein Kind großzuziehen. »Fahr mit deiner Tochter in den Urlaub«, hatte sie gesagt, »du arbeitest zu viel, und sie sieht dich so gut wie nie.« Dass ausgerechnet

Hannah mich in die Vergangenheit zurückwarf, erschien mir wie reinste Ironie. Die letzten Jahre waren gut gelebt, und ich dachte immer weniger an die roten Locken, an den Moment, als ich sie das erste Mal wirklich gesehen hatte.
An der Bar bestellte ich einen doppelten Wodka. Ich trank schnell. Danach noch einen. Das Zittern meiner Hand ließ langsam nach. Wie oft im Leben bekommt man die Gelegenheit, eine verpasste Chance wahrzunehmen, fragte ich mich. Wie oft erkennt man sie überhaupt?
Der Spiegel hinter der Bar zeigte mir meinen langsam grau werdenden Kopf. Ich sollte mir nicht mehr Gedanken über eine anderen Vergangenheit und eine andere Zukunft machen, nicht wenn meine Tochter drei Stockwerke über mir schlief. Wie viele andere Männer meines Alters trug ich mittlerweile auch Gürteltaschen über meinem größer werdenden Bauch. Zu Hause und im Urlaub, bevorzugte ich gutes Essen und ein bequemes Bett und hatte schon lange damit aufgehört, mich nachts in den Städten herumzutreiben.
Die fast touristenleere Stille der Seitenstraßen, die teilweise baufälligen Häuser und die vielen kleinen besonderen Ecken der langsam im Meer versinken-

den Stadt war mir heute Nachmittag gut bekommen. Hannah und ich führten ein langes Gespräch über die Liebe, ich versuchte ihr zu erklären, was sie denn eigentlich sei, die Liebe, aber ich wusste auf zu viele Fragen, die sie mir stellte, keine wirklich gute Antwort. Ich seufzte. Sie würde ihre eigenen Erfahrungen machen müssen. Mehr, als im entscheidenden Moment für sie da zu sein, konnte ich nicht tun. Ob es sich mit der Liebe genauso verhielt?

»Es heißt, man trifft sich immer nur zweimal im Leben. Heute sehe ich dich das dritte Mal«, sagte eine Stimme neben mir. Ohne von meinem Glas aufzublicken, wusste ich sofort, wem diese Stimme gehörte. Auch sofort, dass sie mich damals am Flughafen erkannt haben musste.

»Wie geht es dir?«

»Gut. Und dir?«

»Bestens.« Ich hob mein Glas in ihre Richtung, kippte es hinunter. Dann drehte ich mich endlich um.

»Wir sind alt geworden, findest du nicht?«

Sie war bezaubernd schön, trug ein schwarzes Kleidchen, und man würde sie ohne Schwierigkeiten auf Mitte Dreißig schätzen. Höchstens. Ich wusste, dass ich nicht in ihre grünen Augen blicken durfte.

»Im Alter gewinnt man Abstand«, antwortete ich.

»Sei nicht so grässlich«, sagte sie lächelnd und legte mir ihre Hand leicht auf den Arm. »Ich weiß nicht, ob es richtig war, dich anzusprechen, aber ich habe eine Frage.« Sie hielt einen Moment inne.
»Gern«, sagte ich.
»Tu parles français maintenant?«
»Oui.«
Wir lachten beide. Nach zwei Stunden wusste ich, dass sie mich damals auf dem Laufband nicht angesprochen hatte, weil sie frisch verliebt gewesen war. Nach drei Stunden wusste ich, dass sie Mutter von zwei Kindern war. Nicht mehr als Stewardess arbeitete, aber einen Piloten geheiratet hatte, eben genau den, mit dessen Maschine sie an jenem Tag geflogen war. Die Ehe sei gut, sagte sie. Sie freue sich, dass ich auch eine Tochter habe. Vor allem, dass ich in Paris gelebt habe, sie liebe diese Stadt.
Wir waren beide betrunken, als sie mich direkt ansah. Ihre Hand lag wieder auf meinem Arm. »Weißt du, warum ich dir damals das Buch geschenkt habe?«
»Nein«, antwortete ich.
»Du warst der erste, der mir sagte, dass er das Gedicht schön fand. Ausgerechnet du, der kein Wort Französisch sprach.« Ihre roten Haare schimmerten im dämmrigen Licht der Bar.

»Wir schließen bald«, teilte uns der Barmann freundlich mit.
»Weißt du auch, warum wir nie etwas waren?«
Ich hielt einen Moment inne. Ich wollte »nein« antworten, aber ich wusste, dass das gelogen wäre. Die Antwort war einfacher. »Ich habe dich nie gefragt, richtig?«
Sie lachte. Bestellte. »Willst du noch einen?«
»Einen letzten vielleicht?«
»Du warst ein dummer Junge, der kein Wort Französisch sprach und ich ein dummes Mädchen, das zu schüchtern war, dir diese Arbeit abzunehmen. Santé.«
Sie trank ihr Glas in einem Zug leer.
»Ich glaube, ich gehe schlafen«, sagte sie.
»Ich auch, denke ich«
Wir gingen nebeneinander zum Aufzug. Ich ließ ihr den Vortritt. Sah, wie sie auf den Knopf mit der Vier drückte. Mein Zimmer lag im dritten. Ich wusste, dass sie es ebenfalls bemerken würde. Im Aufzug standen wir schweigend nebeneinander. Obwohl wir viel getrunken hatten, schwankten wir nicht. Unsere Körper waren nur Zentimeter voneinander entfernt. Ein kleines Zucken meiner linken Hand wäre vielleicht genug gewesen, um sie zu berühren. Als der

Aufzug im dritten Stockwerk hielt, trat ich nach draußen auf den Gang.
»Bis morgen. Schlaf gut«, sagte sie.
»Du auch. Bis morgen beim Frühstück.«
»Vielleicht«, sagte sie mit einem Lächeln.
Ich sah dem Fahrstuhl zu, wie er sich langsam schloss. Ich wusste, ich müsste nur ein Stockwerk höher fahren. Den Gang zu ihrer Tür entlang gehen, dann klopfen. Wir würden unsere Geschichte endlich zu einem Ende bringen. Oder zu einem Anfang. Was geschähe, bliebe in unseren Köpfen.
Ob Hannah aufwachen würde, wenn ich mich später heimlich ins Zimmer schliche?
Meine Hände zitterten stark, als ich langsam die Tür öffnete. Dann trat ich beherzt ins Zimmer.

Mein Schreiben verstehe ich als meist
surreale Interpretation meiner unmittelbaren Welt,
um den unscheinbaren Dingen, die man
gerne mal übersieht, mehr Raum zu verschaffen.

ARIANE SCHMIDT, geboren 1981 in Hamburg, wohnhaft seit 1998 in München. Abitur 2002 am Ludwigsgymnasium, danach Studium der Sinologie an der Ludwig-Maximilians-Universität. 2004 Geburt einer Tochter. Babypause bis 2006. Seitdem Lehramtsstudium Deutsch und Soziologie.

DIE FLIEGE

VON ARIANE SCHMIDT

Ein ohrenbetäubender Knall erschütterte Wände und Boden.

Die Glühlampe flackerte, wurde auf einmal gleißend hell und erlosch dann. Um Marion drehte sich alles, sie musste sich festhalten, um nicht zu Boden zu fallen. Nach einer Schrecksekunde drehte sie sich um und drückte den Lichtschalter. Das Licht ging wieder an. Was war das denn? Sie drehte den Wasserhahn noch mal auf, um Fussel im Becken wegzuwaschen. Sie drehte und drehte, der alte rostige Wasserhahn setzte ihr keinen Widerstand entgegen. Kein Quietschen und auch kein Wasser. Marion wunderte sich. Was war los? Sie richtete sich auf, horchte auf das Rauschen des Wassers. Nichts war zu hören, eine absolute vernichtende Stille. Keine Wasserrohre, kein Schall aus dem Treppenhaus, kein Straßenlärm. Befremdet sah sie sich um. Auf einmal fühlte sie sich allein. Was war anders? Marion stand kerzengerade vor dem trüben Spiegel. Nichts! Es war absolut nichts zu hören.
»Mama?«

Vorsichtig öffnete sie die Tür und schlich hinaus. Stille. Langsam ging sie in die Wohnküche. Der Weg schien so weit. Der Flur wuchs unendlich in die Länge. Marion kniff die Augen zusammen und schüttelte kräftig ihren Kopf. Als sie die Augen wieder öffnete, war die Sinnestäuschung weg. Sie stand in der Küchentür. Vor dem Fenster hing noch der Morgennebel so dicht, als ob es draußen nichts anderes gäbe als dieses schwermütige Grau. Verwirrt setzte Marion sich hin und starrte auf ihren Teller. Ihr Blick schweifte von dem Gedeck zum Herd, wo ihre Mutter hätte stehen müssen. Die Pfanne stand noch auf dem alten Herd, der war eingeschaltet, aber es war kein Brutzeln zu hören. In dieser niederschmetternden Geräuschlosigkeit saß Marion ohne die geringste Regung auf ihrem Platz. Sie hatte das Gefühl, dass noch nicht mal ihr Herzschlag und ihr Atem zu hören waren.

»Siehst du sie? Kommst du an sie ran?« – »Ja ... Sie atmet nicht mehr!« – »Verdammt! Helft, den Schutt wegzutragen! Wo sind die Sanitäter?« – »Die bringen auch nichts, so lange wir die Kleine nicht da raus gezogen haben!« Ein Mann im Schutzanzug schaufelte etwas Schutt weg. »Da seid Ihr ja endlich! Habt ihr die Stahlträger dabei?« – »Wir müssen vorsichtig sein, vielleicht sind weitere Gasleitungen defekt. Hat der Schwachkopf die Hauptleitung ausgeschaltet? Sonst können wir nicht arbeiten!« – »Wir müssen die Wand abstützen, so können wir die Kleine nicht rausholen!« – »Habt Ihrs?« – »Ein Wunder, wenn sie es überlebt.« Murmelte einer der Feuerwehrmänner.

In die Stille mischte sich ein Summen, das, erst kaum hörbar, sich in einen monotonen durchdringenden Ton verwandelte. Marion drehte ihre Augen in Richtung dieses Geräusches, um es zu orten, ohne sich weiter zu bewegen. Das Summen wurde zu einem unerträglich lauten Brummen. Marion suchte verwundert den Ursprung, sie sah aber nichts. Dann verschwand das Geräusch plötzlich. Marions Blick sank langsam wieder auf den Teller. Ein fingernagelgroßes Insekt fesselte jetzt ihre ganze Aufmerksamkeit. Dieses Insekt krabbelte auf dem Tellerrand entlang auf die andere Seite. Marion war froh, eine Ablenkung gefunden zu haben. Sie hielt ihre Hand über die Tellerhälfte, die die Fliege überquerte, damit sie nicht wegfliegen konnte. Diese hob ihren Kopf zu dem Mädchen, als wolle sie mit ihm sprechen.

»Was soll das? Darf ich nicht hier entlang laufen?« Fassungslos starrte Marion auf das Tier.
»Was ist jetzt? Darf ich hier Pause machen oder nicht? Ich habe noch einen langen Flug vor mir!« knurrte das Insekt verärgert.
Marion bewegte ihre Lippen, brachte aber keinen Ton heraus. Die Fliege widmete jetzt ihre ganze Aufmerksamkeit dem Flügelputzen und kümmerte sich überhaupt nicht mehr um Marion. Gründlich strich sie jeden Flügel über ihre Beine und rieb sich dann eifrig das Köpfchen und ihre Fühler. Marion beugte sich zu dem Tier und flüsterte, als ob niemand sonst sie hören dürfte: »Was ist hier los?«
Die Fliege reagierte nicht. Ihre Flügel vibrierten und sie gaben ein leises Brummen von sich, ähnlich dem, wie Marion es eben gehört hatte. »Was ist hier los?«, schrie sie plötzlich und die Wände der Küche warfen ihre Stimme wieder und wieder zurück. Das Echo klang wie Alarmglocken.

»Schneller!« Mit rasender Geschwindigkeit und heulenden Sirenen setzte der Krankenwagen über die Straßen, hielt an keiner Ampel, an keiner Kreuzung. Zwei weitere folgten. In ihnen lagen noch weitere Verletzte. Ihre Mutter hatte schwerste Verbrennungen,

Marion hingen die Arme und Beine nur noch an Hautfetzen. »Da ist nicht mehr viel zu machen!«, war der erste Kommentar der Sanitäter, die Marion auf einer Bahre befestigten. Doch sie aufzugeben war nicht ihr Beruf. So jagten die Autos zum nächstgelegenen Krankenhaus.

Erschreckt setzte sie sich wieder gerade hin und starrte auf den Teller. Die Fliege hob verwundert den Kopf und starrte wütend zurück.
»Was ist hier los?«, äffte sie das Mädchen nach.
Dies sah die Fliege so traurig und hilflos an, dass das Tier ebenfalls verstummte und mitleidig und nachdenklich das Mädchen musterte.
»Was ist hier los?«, fragte sie wieder und diesmal meinte die Fliege die Frage ernst.
Marion brachte ihren großen Kummer kaum hörbar über ihre Lippen: »Wo ist Mama? Ich kann sie nicht finden.«
»Ach, deine Mama suchst du? Das weiß ich nicht, ich habe hier niemand anderen gesehen als dich. Wo könnte sie denn sein?«
Betreten sah Marion auf den Boden. Ihre Mutter ist um diese Uhrzeit doch immer im Bett und schläft ihren Rausch aus, aber bevor ihr Kind aus der Schule

kommt, steht sie auf und kauft sich noch schnell Schnaps. Marion fuhr von ihrem Stuhl auf und stand verwirrt im Zimmer. Die Schule!

»Ich muss in die Schule!«, rief sie der Fliege zu und drehte sich hilflos um sich selbst, um nach ihrem Winnie-Puuh-Schulranzen zu schauen. Sie fand ihn nicht. »Mama! Mein Ranzen!«

Mama antwortete nicht. Marion lief ins gemeinsame Schlafzimmer, die Bettdecken lagen auf dem Boden, das zerschlissene Betttuch hing von den nackten Matratzen runter. »Mama, wo bist du?«

»Hier ist sie nicht!« Die Fliege war hinter ihr her geflogen und setzte sich auf Marions Nacken. »Aber da ich sowieso gerade Pause machen wollte, kann ich dir beim Suchen helfen. Achtung, jetzt kann dir ein wenig schwindelig werden!«

Ehe Marion begriff, was mit ihr geschah, verlor sie den Boden unter den Füßen und schien in die Höhe gerissen zu werden. Der zertretene Teppich verschwand unter ihr. Das ohnehin verängstigte Mädchen schrie panisch, als sie durch die Luft geschleudert wurde.

»Beruhige dich! Alles in Ordnung! Du bist nur kleiner geworden, damit ich dich besser tragen kann!«

Marion keuchte, versuchte aber ruhig zu bleiben.

Tatsächlich schwebte sie in der Luft und konnte aus der Vogelperspektive ihr Schlafzimmer betrachten. Seltsam, alles war auf einmal so riesig. Die Flügel der Fliege machten einen ungewohnten Lärm und die Vibrationen von dem Insektenkörper übertrugen sich auf Marion. In einem atemberaubenden Tempo sausten die beiden durch die Wohnung.
»Darf ich mich vorstellen? Ich heiße Zibena!«, brüllte das Vieh.
»Und ich ... ich bin Marion!«, rief das Mädchen, das erst mal richtig nach Luft schnappen musste, bevor es antworten konnte.
»Weiß ich! Schülerin. Acht Jahre alt. Lebt ohne Vater, nur mit der Mutter zusammen.«
Marion staunte, woher dieses Insekt das wusste. Zibena flog dann sogar hinter das Wohnzimmerregal, aber dahinter war gruselig lange nicht mehr geputzt worden und so waren beide ganz schnell wieder aus dieser Gegend verschwunden. Marion lachte. Der erste Flug hatte sie von ihrem Kummer abgelenkt.
»Komm, ich zeige dir noch andere Sachen! Es gibt viel zu entdecken!«, rief Zibena laut und steuerte auf ein gekipptes Fenster zu. Obwohl Marion in dieser Größe problemlos durch den Schlitz gepasst hätte, zog sie die Beine hoch. Die Fliege umklammerte

ihren Passagier fest und verschwand mit ihm in der grauen Suppe außerhalb der alten Plattenbauwohnung. Marion blieb die Stimme weg. Fassungslos sah sich um und war doch nur von diesem kühlen Grau umgeben. Nichts Festes, keine Konturen waren zu erkennen! Marion hatte ein seltsames Gefühl im Magen.

»Wo fliegen wir hin, Zibena?«, schrie sie.

Zibena hörte deutlich die Angst aus Marions Stimme heraus.

»Keine Sorge! Dir passiert nichts mehr! Ich passe auf dich auf!«

»Aber ich will nicht, dass du auf mich aufpasst! Wozu habe ich meine Mama! Wo ist sie? Du hast gesagt, du hilfst mir suchen!«

Zibena seufzte.

»Deine Mama ist nicht hier!«

»Wenn du das so sicher weißt, kannst du mir dann sagen, wo sie sich befindet?«

»Kann deine Mama fliegen? Nein? Dann ist sie auch nicht hier!«

Marion schwieg kurz. In ihrem Köpfchen arbeitete es.

»Was soll das?!«, schrie sie dann aufgebracht. »Ich will zu meiner Mama!«

Zibena reagierte nicht.

»Ich will zu Mama!«, schrie Marion und fing derartig an zu strampeln, dass die Fliege ihre Flugbahn nicht mehr halten konnte.
»Ist ja gut!«, brummte sie sichtlich verärgert. »Wir suchen deine Mama! Aber nicht lange! Die Zeit ist knapp bemessen!«
Marion wunderte sich zwar über das seltsame Verhalten der Fliege, aber die Sorge um ihre Mama ließ sie verstummen. In Gedanken versunken überlegte sie, wo ihre Mutter sein könnte. Sie dachte auch darüber nach, was eigentlich passiert war, aber erst mal wollte sie ihre Mutter finden. Die graue Suppe um sie herum lichtete sich plötzlich, einzelne Wolkenfetzen verschwanden und auf einmal war alles um sie herum blau. Marion blinzelte wegen der Helligkeit und dann bemerkte sie den Himmel in einem so überwältigenden Blau, dass dem Mädchen die Luft weg blieb.

\

Marion versuchte nach Luft zu schnappen, doch der peitschende Gegenwind schnitt ihr den Atem ab.
»Zibena! Zibena! Bitte langsamer!«, keuchte sie.
Doch Zibena beachtete sie gar nicht.

»Wo könnte deine Mutter sein?«

Es schien, als stellte sie diese Frage an Marion. Marion schrie, damit die Fliege sie ja auch verstehen konnte:

»Ich weiß gar nicht, wo wir sind! Da, wo ich herkomme, schaut es nicht so aus.«

»Wie schaut es denn da aus?«, fragte Zibena zu Marion gewandt.

»Aber du warst doch dort?«

Das Mädchen staunte. Sie sah wieder nach unten. Weit unter ihr wuchsen Bäume, Sträucher und weitere Pflanzen wild durcheinander. Hin und wieder lugte ein Haus zwischen dem wilden Grün hervor, doch jedes unterschied sich so stark voneinander, als ob jemand aus jedem Land der Welt eines ausgesucht und hier im Urwald willkürlich zusammengewürfelt hätte. Eine aztekische Pyramide stand neben einem bayerischen Bauernhaus aus dem Voralpenraum mit typischen religiösen Wandmalereien, ein Flughafentower neben einem mongolischen Nomadenzelt. Marion kam aus dem Staunen nicht mehr heraus. Sie sah wieder hoch in das stechende Blau des Himmels.

»Schau mal! Da sind Vögel! Frag sie mal, ob sie meine Mama gesehen haben!«

Zibenas gleichmäßiges Summen wurde plötzlich ganz nervös und stockte mehrmals in kurzen Abständen.
»Was? Vögel? Wir müssen sofort landen! Wenn du eine Landemöglichkeit siehst, sag es mir!«
Marion war noch so von den ganzen Eindrücken erschlagen, dass sie die Sorge in Zibenas Stimme nicht sofort wahrnahm. Das Gekreische der Vögel war jetzt deutlich zu vernehmen. Ein heftiger Windstoß wirbelte die zwei plötzlich wild durch die Luft. Einer von den Vögeln war dicht über sie hinweg geflogen. Der riesige Schatten des Tieres lag noch auf ihnen und erst jetzt bemerkte Marion, dass diese Viecher die Größe eines mittleren Passagierflugzeuges hatten.
»Du hast wohl vergessen, wie klein wir sind. Ich bin doch nur eine Fliege! Und wir Insekten sind normalerweise Futter für diese Flugmonster!«
Diese Flugmonster hatten die zwei schon bemerkt und peilten sie an.
»Achtung!«, kreischte Zibena, »Sturzflug!«
Die Fliege stürzte senkrecht in die Tiefe.
»Das Haus da!«, schrie Marion. »Es schaut aus, wie bei mir daheim!«, und deutete auf einen baufälligen Plattenbau, der sich in dieser grünen Umgebung nicht gar so trostlos machte. Doch die Vögel ließen

keine Auswahl zu. Zibena schwirrte zur nächst besten Deckung. Marion schloss ihre Augen. Einer der Raubvögel kam so nah, dass das Mädchen hörte, wie der Schnabel sich öffnete und sich drohend über der Fliege und ihrem Gast zum letzten vernichtenden Schlag erhob. Dann schlugen ihr plötzlich Blätter ins Gesicht. Sie schmeckte Blut und Holz. Knackende Äste und abgerissene Blätter wirbelten umher. Marion knallte mit voller Wucht gegen einen Baumstamm und blieb benommen liegen. Das Gekreisch der Vögel war nur noch aus der Ferne zu hören.

»Marion! Marion!«

Ein gleichmäßiges Summen rief sie aus ihrer Ohnmacht zurück. Ein Insekt krabbelte ihr über die Wange. Langsam öffnete sie ihre Augen. Sie konnte noch nichts genau festmachen. Die Konturen verschwammen vor ihr zu einem grünen Brei.

»Mensch, Mädchen! Du lebst! Das hätte verdammt noch mal schief gehen können!«

»Du lebst!«

Sanft streichelte eine junge Frau über das Gesicht des Kindes, das im Koma lag. Sie saß im Rollstuhl, eine Seite ihres Gesichtes war von einem Verband verdeckt. Ihren Arm zu heben und über den Bettrand

zu Marion zu halten, war ein großer Kraftakt für die schwer verletzte Frau. Aber das Bedürfnis, ihre Tochter zu berühren, war größer als das Bedürfnis Schmerz zu vermeiden, wenn sie ihre verbrannte Hand dehnte. Das Piepen der Geräte und das belebte Treiben auf der Intensivstation übertönten ihr Flüstern.
»Du lebst, mein kleiner Engel! Danke Gott, dass du noch lebst!«

Marion riss erschrocken die Augen auf.
»Was? Was? Mama?«
»Nein! Ich bin Zibena!«
Sie schwieg. Das Insekt krabbelte ihr auf die Nase und blieb auf Augenhöhe stehen.
»Hallo! Sag doch was!«
»Du ... du bist ja so klein?«, stotterte Marion und schielte auf ihre Nasenspitze. Sie schniefte und schluckte Blut. Der Sturz hatte sie ganz schön mitgenommen.
»Na ja, jetzt haben wir festen Boden unter den Füßen, da brauchst du mich nicht mehr. Deswegen bist du wieder auf Normalgröße geschrumpft.«
»Ach ...«
Stöhnend drehte sich Marion auf den Rücken und tastete vorsichtig ihren Körper ab. Alles tat weh. Ihre

Knochen waren wohl nicht gebrochen. Aber als sie versuchte aufzustehen, sank sie zu Boden. Ihr war ganz schwarz vor den Augen geworden.
»Das tut mir leid, Marion. Wirklich. Da haben wir Insekten es mit unserem Chitinpanzer viel leichter.«
Zibena saß ganz ruhig auf ihrem Platz und schien nicht ernsthaft um ihren Schützling besorgt zu sein.
»Ich muss Mama suchen ...«
Marion kippte nach vorne auf ihre Knie und stützte sich mit ihren Handballen ab. Mühsam zog sie sich Zentimeter für Zentimeter am Baumstamm hoch. Eine Weile hielt sie sich fest und sah dann vorsichtig zu den Baumwipfeln hoch. Jetzt war kaum ein Stück mehr von diesem überwältigenden Blau des Himmels zu sehen. Nur ein sanft schimmerndes Grün der Blätter breitete sich um Marion aus. Sie atmete schwer und entsann sich des Plattenbaus, der sie an ihr Zuhause erinnerte.
»Muss Mama suchen!«
Marion sprach zu Zibena, die mittlerweile auf der rauen Rinde eines Astloches pausierte.
»Ist o.k. Ich glaub, der Plattenbau war ungefähr diese Richtung, die Eichen entlang.«
Das Mädchen schaute in die genannte Richtung und zögerte.

»Bist du sicher?«
»Nein, aber wir können es ja mal versuchen. Wenn wir jemandem begegnen, können wir immer noch fragen. Ich könnte aber auch allein losfliegen und schon mal Ausschau halten. Wenn ich was Interessantes finde, gebe ich dir Bescheid.«
»Und wie willst du mich in diesem Urwald wieder finden?«
»Oh, ganz einfach. Du hast einen ganz eigenen Geruch. Ich orientiere mich anhand der Gerüche dieser Welt.«
Mit diesen Worten startete Zibena und verschwand im Eichenhain. Marion starrte ihr mit offenem Mund nach. Vorsichtig setzte sie einen Fuß vor den anderen. Sie kam nur langsam voran und fragte sich, warum Zibena sie nicht wieder mitgenommen hatte. Es war sehr warm, die Blätter raschelten ganz leise, es klang wie Flüstern, als ob sie etwas zu verbergen hätten. Seltsamerweise hörte sie keine tierischen Laute, auch das Kreischen der Vögel war nicht mehr zu hören. Die Stille hatte aber dennoch nichts Bedrohliches. Marion fühlte sich geborgen. Daheim war alles grau. Entweder war es nass und kalt und grau, oder es war heiß und staubig und grau. Doch hier war alles grün, die Umgebung roch ganz ungewohnt, aber

nicht schlecht. Licht und Schatten bewegten sich auf dem Waldboden, der über und über mit Moosen und Farnen bewachsen war. Erdbeeren wippten unter großen Farnblättern auf und ab. Sie waren zu schwer für die zarten Stängel.

»Na, dann erleichtere ich euch mal.«

Marion pflückte und stopfte sich die Früchte in ihren Mund. Ihr fiel ein, dass sie noch gar nicht gefrühstückt hatte. Umso besser schmeckten ihr jetzt die Beeren. »Mama hat mir nie Obst zum Frühstück gegeben. Dabei macht das doch am wenigsten Arbeit.« Marion saß in Gedanken versunken inmitten der Farne und aß Erdbeeren. »Wo ist Mama? Was macht sie jetzt?«

(Auszug aus einer längeren Erzählung)

Im Schreiben gestaltet man nicht nur der Realität parallele Welten, sondern man begibt sich auch in eine solche, zu der aber nur man selbst Zugang hat und in der man glücklich sein kann, denn im Schreiben ist man schließlich, endlich nur man selbst.

MONIKA SCHUSTER, 1985 in München geboren. Studium der Pädagogik, reflexiver Sozialpsychologie und Soziologie an der LMU München.

JEAN

VON MONIKA SCHUSTER

Jean stand am Herd. Seine Frau würde in wenigen Minuten eintreffen. Der Tisch war gedeckt. Auf seiner Mitte standen Blumen. Die schon fertigen Nudeln seihte er ab, Dampf stieg auf, und füllte sie in eine Schüssel, stellte diese auf den Tisch. Dann nahm er die Soße vom Herd, nicht ohne sie zuvor noch abgeschmeckt zu haben, und platzierte sie zu den Nudeln, al dente.

Es klingelte.

Jean ging zur Tür, öffnete sie für seine Frau, ließ sie herein, nahm ihr den Mantel ab und hängte diesen auf den Garderobenständer. Dann rief er den Kindern zu, dass das Essen fertig und ihre Mutter heimgekehrt sei. Annabelle und Louis kamen stürmisch die Treppe heruntergerannt und fielen ihrer Mutter um den Hals. Beide bekamen einen Kuss auf die Stirn.

Die Mutter fragte sie, wie es denn in der Schule gewesen sei und ob sie denn auch schon ihre Hausaufgaben erledigt hätten. Beide nickten und gingen Hand in Hand mit der Mutter ins Esszimmer. Dieser Raum war erfüllt von dem leicht holzigen Geruch eines Feuers, welches im Kamin knisterte und seine

Wärme in den Raum hin ausstrahlte. Sie setzten sich. Jean schenkte seiner Frau ein Glas Rotwein ein. Dieser war gut temperiert. Jean wünschte allen einen guten Appetit. Fragte, ob jemand noch etwas brauchen würde. Annabelle sagte, dass sie gerne noch etwas Salz hätte, und Jean ging in die Küche, um es zu holen. Die Familie fing mit dem Essen an, noch während Jean das Zimmer verließ, die Stufen hinabstieg zu seinem Zimmer, die Tür öffnete, eintrat und wartete.

Der Zeiger der Uhr schritt im Zimmer der Oberen drei unbemerkt Schritt für Schritt voran. Jean aber konnte das Ticken der Uhr nicht ausblenden. Er hatte Hunger und die Härchen auf seinen Unterarmen standen senkrecht.

Punkt sieben Uhr, wie immer, läutete man nach ihm. Er stieg die Stufen hoch, fragte, ob das Essen denn geschmeckt hätte. Annabelle und Louis bekamen wie immer noch eine Kugel Schokoladeneis mit Himbeersirup, seine Frau einen Likör. Als sie geendet hatten, räumte Jean das Geschirr in den Geschirrspüler, schaltete selbigen ein und räumte die Küche auf. Später, die Uhr hatte achtmal geschlagen, brachte er seiner Frau noch Tee und Gebäck. Sie saß vor dem Fernseher und schaute sich eine Dokumentation über das Leben der Braunbären in der Arktis an. Gerade eben noch, wurde darüber berichtet, dass die Braunbären wohl innerhalb der nächsten Jahrzehnte vollständig ihre braune Farbe verlieren würden. Ein junger Mann in arktischer Kleidung sagte, wie klug es doch gewesen sei, die Braunbären in den Norden auszusiedeln, damit die Eisbären nicht aussterben mussten. Zwar hätten sich diese anfangs nicht mit den Eisbären paaren wollen, aber man hätte da schon so seine Mittel und Wege, hier grinste er verschmitzt, auch bei den Tieren.

Da blickte Jeans Frau auf. Denn er stand noch immer im Raum. Der Tee dampfte. Jean wartete auf etwas. Das Gebäck hatte er wie jeden Tag frisch zubereitet. »Für heute ist deine Arbeit erledigt.« sagte sie bestimmend. Sie schwenkte mit der Hand zur Tür. »Gute Nacht, Liebes«, sagte Jean. Seine Liebste sagte nichts. Jean ging.

In der Küche nahm er seinen Teller mit den mittlerweile kalt gewordenen Essensresten und goss sich Leitungswasser in sein Glas. Dann machte er das Licht aus, nahm den Teller in die eine und das Glas in die andere Hand und verließ den Raum, die Tür schließend. Man hörte ein Surren, die Kamera schaltete sich ab und das Schloss an der Küchentür

schloss sich. Im Wohnzimmer legte seine Frau die Fernbedienung für die Küche weg und wandte sich wieder der Dokumentation zu.
Jean aber saß auf seinem Bett im Keller, aß kalte Spaghetti mit Tomatensauce und nebenher blätterte er noch in einem Bilderbuch. Dann legte er sich schlafen. Zur gleichen Zeit, Schlag zehn Uhr abends, schlossen sich automatisch alle Kellertüren im ganzen nördlichen Land.
Um dreiviertel elf ging auch Jeans Frau zu Bett, nicht ohne sich zuvor noch die Aufzeichnungen des Tages, im Schnelldurchlauf angeschaut zu haben. Ihren Mann, von halb sechs Uhr morgens bis halb neun Uhr abends.
Als am nächsten Morgen, um fünf Uhr, der Wecker klingelte, war Jean bereits wach. Er wusch sich und zog sich seine Arbeitskleidung an. Um Punkt halb sechs öffneten sich die Kellertüren im ganzen nördlichen Land, auch die zu Jeans Zimmer, und er trat hinaus, stieg die Stufen hoch, betrat die sich öffnende Küche und begann das Frühstück zu bereiten.
Seine Frau aß wie immer bis dreiviertel sieben. Dann stieg sie die Treppe in den ersten Stock hinauf und weckte mit einem Kuss auf die Stirn ihre zwei Kinder auf, öffnete die Vorhänge, verabschie-

dete sich von ihnen und verließ das Haus. Jean hatte in der Zwischenzeit den Tisch umgedeckt. Nun konnten die Kinder frühstücken. Um kurz vor acht verließen auch sie das Haus. Im Gehen trugen sie ihrem Vater noch diverse Aufgaben auf.
Es schloss sich die Tür. Jean war allein.

Als Kind hatte er Pfannkuchen zum Frühstück gegessen. Das aber war noch im Süden gewesen. Jeden Morgen hatte ihn seine Mutter mit einem Kuss auf die Stirn geweckt, die Vorhänge geöffnet und gesagt, aufstehen du Schlafmütze, die Sonne steht schon hoch am Himmel, es ist Tag. Immer noch müde hatte Jean bloß mit den Augen geblinzelt, sich noch einmal in die warme Bettdecke gekuschelt und sich langsam und sanft von der Sonne wach kitzeln lassen.
Mit dem Öffnen seiner Tür, war stets ein feiner Duft von gebratenen Pfannkuchen erfüllt, in sein Zimmer geströmt und hatte ihn bezaubert, sich zu beeilen, die Treppe hinunter zu rennen, die letzten Stufen zu springen und dann war er immer atemlos in der Küche erschienen und hatte begierig darauf gewartet, die Pfannkuchen auf seinen Teller gelegt zu bekommen.

Mmmhh pflegte er zu sagen, wenn er sich zwei Esslöffel Brombeermarmelade auf den einen und zwei Esslöffel Kirschmarmelade auf den anderen Pfannkuchen gestrichen hatte, sie zusammenrollte und aß. Die Marmelade hatte sich dabei über sein Gesicht, seine Hände und den Teller verteilt, weil sie wie wild aus dem zusammengerollten Pfannkuchen tropfte. Doch das hatte ihn nie gestört.
Im Gegenteil, dies hatte er stets mit Absicht getan. Denn manchmal, wenn Mama einen Blick aus der Küche auf ihn warf, ging sie – sah sie das Malheur – zu ihm hin und sagte, mein kleiner Saubär. Und das hatte er halt immer so gerne hören gewollt.
Jeden Abend war Jeans Vater vom Feld heimgekehrt und hatte gesagt, bist du heute aber schon wieder gewachsen, mein Großer, und er hatte Jean auf die Schulter geklopft, weil er so brav auf Mama und den Hof aufgepasst hatte.
Mit den Jahren war er dann tatsächlich gewachsen und eines Abends hatte sein Vater zu ihm gesagt: Sohn, du bist nun groß genug, um auch auf dem Feld zu arbeiten, ab Morgen kommst du mit, wir stehen um halb fünf auf, Mutter macht uns Brote und Tee. Und da war Jean so stolz gewesen, wie noch nie zuvor in seinem ganzen Leben.

Von da an war er jeden Morgen um halb fünf aufgestanden, hatte seine Tür geöffnet, seiner Mutter einen Kuss auf die Backe gedrückt und war mit seinem Vater auf das Feld gegangen.
Nach einigen Jahren, wurde Jeans Mutter wieder schwanger. Seine Eltern sagten ihm, dass er ein kleines Geschwisterchen bekommen würde. Jean freute sich sehr. Seine Eltern freuten sich auch, aber aus einem Grund, den Jean nicht kennen konnte, war die Unbekümmertheit ihres Lebens verschwunden. Er spürte, dass seine Eltern etwas bedrückte, das mit jedem Tag stärker wurde, aber er fand nicht heraus, was es war.
Viele Jahre vergingen, ohne dass etwas geschah. Dann, eines Tages, kam ein Mann in Schwarz. Es war ein Sonntag und alle Familienmitglieder waren zu Hause vereint. Er sagte, es ist Zeit. Jean verstand kein Wort. Seine Mutter packte unter Tränen seinen Koffer. Beim Abschied weinten sie alle. Jean verstand nichts, er verstand nur, dass seine Eltern machtlos waren. Am nächsten Tag ging sein Bruder mit auf das Feld. Er war jetzt alt genug.
Man brachte Jean über die Grenze, wo ein Auto bereit stand. Jean hatte noch nie eines gesehen. Sie fuhren in den Norden und da gab es noch mehr, was er noch nie gesehen hatte. Flugzeuge, in der Luft schwebende

Züge, Gebäude so hoch, dass er kein Ende sehen konnte, und Menschen. Menschen in Schwarz. Sie gingen in Gebäude hinein zu bestimmten Zeiten und kamen wieder heraus zu bestimmten Zeiten, das hatte er beobachtet, von seinem Fenster aus.

Nach einer Woche, er hatte immer zu gleichen Zeiten sein Essen bekommen und die Jalousien des Gebäudes öffneten und schlossen sich automatisch mit Tag und Nacht, da wurde ihm mitgeteilt, dass er auserwählt worden wäre, zu heiraten. Jean wusste, was das hieß, aber sonst wusste er nichts. Er machte alles, was man ihm sagte. In der Fremde war er ein Niemand ohne Wissen. Und er stellte keine Fragen.

Er kam in einen einmonatigen Kurs einer Hauswirtschaftsschule. Dort waren viele andere in seinem Alter, Frauen wie Männer. Sie lernten, dass es zwei Welten gab. Die der ungebildeten Bauern und die der gebildeten Individuen. Sie lernten, dass man beide Welten voneinander abgeschottet hielt, weil dies so besser sei. Denn die Menschen seien zu unterschiedlichen Intellekts. Wieso solle das Prekariat sich bilden, wenn es unfähig sei zu lernen, und wer solle das zahlen, diesen Aufwand, alle Kinder zu erziehen und ihnen etwas beizubringen. Sie seien doch für einfache Arbeiten wie geschaffen.

Die ehemaligen Bauernkinder lernten einen Haushalt zu führen und lernten sich unterzuordnen. Es wurde ihnen eingeprägt, dass die Bauern froh sein dürfen, ungebildet zu sein, ein heiles Leben zu führen. Wenn sie nur wüssten, welche Verantwortung man als gebildeter Mensch zu tragen hätte. Aber einer müsse sie ja schließlich tragen. Jean verstand nichts, weil er ungebildet war, aber er verspürte ein Unrecht, weil er Mensch war.
Mit sechsundzwanzig Jahren, am 3. Juli 2134, verheiratete man Jean mit der Tochter eines Großaktionärs. Er hatte sie nie zuvor gesehen.
Sie verbrachten ihre Flitterwochen auf einer Insel im Süden. Es war das Paradies auf Erden. Sie verführte ihn und wurde schwanger. Da kehrten sie zurück. Fortan ging sie bis zum Tag der Geburt ihres Kindes arbeiten. Jean hatte den Haushalt zu führen und musste sie verwöhnen, wo er nur konnte. Er war ihr Diener. Nach ein paar Jahren, sie hatte ihn vollkommen abhängig von sich gemacht, durch falsche Versprechungen und vorgetäuschte Liebe, fuhren sie noch einmal auf die Insel und paarten sich. Seine Frau wurde schwanger. Da kehrten sie zurück.
Seit diesem Tag hat Jean das Haus nicht mehr verlassen.

Schreiben? Schrecklich schön. Harte Arbeit.
Erzählen Wort für Wort. Und manchmal nur
ein kleines B von Schreien entfernt.

SIMONE SOFIA STIRNER, geboren 1985 in München, studiert Literaturwissenschaft, Spanisch und Neuhebräisch an der LMU München und der Venice International University.

BLAU

VON SIMONE SOFIA STIRNER

Das Boot lag in einem der Kanäle neben Francis Haus. Es war blau oder einmal blau gewesen, es hatte einen weißen Streifen und keinen Namen. Wir haben es Ende Februar entdeckt, an einem der ersten Abende, die wir gemeinsam bei Francis verbracht haben. Wir kannten uns noch kaum. Es war kalt, eine dünne, feuchte Kälte, die direkt aus dem Wasser zu steigen schien. Francis Küche hatte doppelte Fenster, und zwischen den Scheiben wuchsen rote Geranien. Die ganze Küche roch süßlich nach Zimt und modrig von den feuchten Wänden und alten Kissen, Francis hatte einen riesigen Topf Reis gekocht und ein großes Curry, auf dem Boden krümmten sich Orangenschalen, die Küchentischlampe war auch rot und der Wein, und Maty hatte ein rotes Hemd an, und Francis probierte den Reis und sagte, wir haben einen roten Abend.

Ich erinnere mich, dass Ada zu spät kam, sie hatte sich verlaufen in den Gassen, die alle gleich aussahen, besonders in den Februartagen, mit den Nebeln, und als sie ankam, war ihr Gesicht angespannt, sie lachte, aber ihre Augen waren sehr schwarz, und sie band sich schnell und entschieden ihre Locken aus dem Gesicht.

An dem Abend hat Francis Musik aufgedreht, und wir haben unsere Gläser erhoben und auf die Stadt getrunken und auf Multikulturalismus und auf Peggy Guggenheims Sonnenbrille und auf Thomas Mann und auf alles andere, das irgendwo seinen Platz zu haben schien hier.

Jonathan, du lachst in deiner dunklen Wohnung jetzt sicher einmal trocken auf. Du denkst, solche Abende gibt es überall und immer wieder. Wir haben Wein getrunken und Krämpfe bekommen vor Lachen und uns über die Welt gewundert. Was war das Besondere?

Dort bei Francis haben wir alle am gleichen Tisch unseren Platz gefunden, erst vorsichtig, dann mit klirrenden Gläsern und geteilten Tellern, im Durcheinander, einer neben dem anderen.

Hannes sagt, das Foto, das ich dir mitgeschickt habe, sei zu hell, man sehe ja gar nichts. Vielleicht ist es jetzt auch zu spät, dir etwas zu erzählen. Siehst du den linken Bildrand, das Blau, ganz außen, das war das Boot. Ich denke, man erkennt es, auch wenn

Hannes sagt, das Bild ist zu hell, und das Boot war sowieso nie wirklich blau. Stell es dir blau vor. Ich hätte auch andere Fotos schicken können. Francis mit ihren silbernen Armreifen und einem lila T-Shirt-Turban auf dem Kopf. Oder Maty mit seinen langen Beinen und seinen offenen Schnürsenkeln auf dem Markusplatz. Oder Ada schlafend vor einer gewellten Tapete.

Wir haben uns Geschichten erzählt, und den Reis aus dem großen Topf gegessen und uns an den Rosinen verschluckt, erzähl eine Geschichte aus deinem Leben, die wahr ist, und eine, die unwahr ist, und die eine verband sich mit der nächsten. Ich erinnere mich, dass Hannes Hände kalt waren, von dem Wein, den er aus dem Kühlschrank holte, und dass ich dachte, Ada muss den weitesten Weg gekommen sein und sie sieht aus wie aus einem Märchen. Wir sind spät nach Hause gegangen, und als wir uns verabschiedet haben, lag da das Boot. Das war noch im Februar.

Hast du eine Vorstellung, wie die Stadt von oben aussieht, Jonathan? Eigentlich ist es nicht so wichtig. Du musst nur wissen, dass es vor Venedig einen

Streifen Land gibt, der die Lagune vom Meer trennt. An manchen Tagen, bei hellem Licht, kann man sich vorstellen, es wäre ein anderes, fernes Land.

Wir haben das Boot wochenlang beobachtet, jeden Abend, wenn wir zu Francis gingen, sahen wir vorbei, und wir haben viele Abende bei Francis verbracht. Es schien niemandem zu gehören, es lag in einem Seitenkanal, gehalten von einem nassen, schmierigen Tau, über Wochen hinweg. Einmal hat eine Katze darin geschlafen, und einmal haben wir eine leere Weinflasche hineingelegt, und zwei Tage später war sie immer noch da. In einer windigen Nacht stieß das Boot gegen die Mauern, und Francis sagte: »Es grüßt uns schon, hört ihr?« Und als wir im Dunkeln die steilen, feuchten Treppen zu ihrer Wohnung hochstiegen, meinte Maty: »Wir sollten das Boot nehmen und über die Lagune fahren.« Hannes stieß ein abgerissenes Lachen in die Dunkelheit, und Francis und Ada waren begeistert.
Du wärst skeptisch gewesen, wie Hannes, Jonathan. Ein Hirngespinst. Du hättest dir nicht die Zeit genommen für so etwas. Wir hatten hier viel Zeit.
Wir fingen Ende März an, es richtig zu planen, die große Überfahrt. Francis Küche war unser Haupt-

quartier, draußen wurden die Nächte milder, und die Nebel verschwanden, Tauben ließen Federn auf dem Fensterbrett, wir breiteten einen Stadtplan auf dem schmutzigen Esstisch aus und fuhren die Kanäle mit dem Finger nach. Francis hatte immer silberne Armreifen an, und sie schlugen gegeneinander, als sie unseren Weg auf dem Papier nachzog. »Hier, das müsste gehen.« Hannes hatte die Hände auf den Tisch gelegt, und hinter seinen Haaren konnte man seine Augen nicht sehen, und nicht erkennen, was er davon hielt.

Wir hatten oft Gewitter, es fing im April an, schwere Platzregen, die auf die Lagune losgegangen sind und das glatte Wasser aufgebrochen haben. So ein Wetter hat mir immer ein wenig das Gefühl von Schwäche gegeben, eine Schwäche, die mich empfindlicher machte für jedes Wort, das wir wechselten, für jede zufällige Berührung, die fiel.
Einmal an so einem Gewittertag ist Maty verschwunden. Wir sind durch den Regen gerannt, Ada hatte schon ihre Schuhe ausgezogen, die Kanäle stiegen in die Gassen, Maty war eigentlich hinter uns gewesen, wir drehten uns, riefen ihn, wurden ungeduldig, die schwere, feuchte Luft legte sich über uns,

Ada band sich ihre Haare hoch und wir beschlossen, uns nicht weiter zu kümmern, sollte er doch machen, was er wollte, wir waren zu diesem Zeitpunkt schon fast daran gewöhnt. Maty verschwand oft, nie für lange, aber ohne zu sagen, wohin oder warum, Francis wurde meist wütend, sie stampfte dann einmal auf, und ihre Armreifen klirrten, Hannes zuckte mit den Schultern.
Ich weiß nicht, was Maty gemacht hat, bevor er hierher kam. Ich weiß es von niemandem so recht. Aber in meiner Vorstellung war er den ganzen weiten Weg von seiner Heimat nach Venedig gelaufen. Mit großen Schritten und offenen Schuhbändern, so wie er auch über die Brücken hier lief, ohne auf seine Füße zu blicken, während die Bänder gegen seine Schuhe schlugen wie das Wasser der Kanäle gegen die Mauern, und es machte ihm nichts, er sah an sich hinunter, verwundert und ging dann weiter, mit seinen langen Schritten und seinen schweren Schuhen. Maty war sehr groß und manchmal dachte ich, vielleicht ist der Weg von seinen Händen hinunter zu seinen Füßen zu weit und zu anstrengend.
Das Gewitter hat nicht aufgehört an dem Tag, als er verschwand, es war nicht kalt, die Mauern hatten die Wärme der letzten Tage gespeichert, wir rannten

in eine Bar am Fischmarkt, wir tranken süßen Wein und aßen geröstete Erdnüsse, bis unsere Hände klebrig waren, Hannes versuchte in Matys Wohnung anzurufen, Ada schimpfte: »Die Stadt geht unter, wo ist Maty«, und Hannes sagte: »Das wird er schon mitbekommen, wenn sie sinkt, die Stadt.« Der Regen wurde immer noch stärker, es wurde Nacht, die Bar füllte sich mit nassen, dampfenden Körpern, wir betranken uns, bald stand das Wasser zentimeterhoch auf dem Marktplatz, Ada küsste einen Italiener, Francis redete mit Leuten, die ich nicht kannte, sie riss die Hände hoch und ihre Armreifen klirrten.

Der Regen hörte dann ganz plötzlich auf, hinterließ die Stadt wie sauber gewaschen, blank und schwarz. Wir liefen barfuß und ein wenig schwerfällig über die nassen Steine zu Francis Haus. Hannes zündete minutenlang eine nasse Zigarette an. Ada sagte: »Ob es dem Boot gut geht, was meinst du, Hannes?« Als wäre das Boot ein Kind auf Reisen.
Neben dem Boot, in einer kleinen Nische, saß Maty, seine Kleidung war trocken, nur seine Schuhbänder waren nass. Er stand auf und nickte: »Gehen wir.« Sonst nichts.

Francis hat den Schlüssel aus ihrer großen Tasche hervorgeholt und die Haustür mit dem Fuß aufgetreten. Manchmal dachte ich, Maty passte am wenigsten von uns allen in diese Stadt, aber vielleicht liebte er sie am meisten.
Wir sind alle zu fünft in Francis Bett gestiegen. Francis hat die Fensterläden vor den Geranien geschlossen und eine Extradecke aus dem Schrank geholt. Ada hat gesagt, »Francis, ich mag deine Tapete«, und Hannes hat tief gelacht und Maty hat sich lang ausgestreckt und an die Decke geblickt und gesagt: »Hannes, wann fahren wir mit dem Boot aufs Meer«, und Hannes hat sich im Bett aufgesetzt und den Kopf geschüttelt. Francis streifte unter der Decke ihre Socken ab und Ada lachte blind in das Kissen hinein.
Ich habe jeden einzelnen Millimeter meines Körpers gespürt, so müde war ich, und zwischen kalt und warm, und erschöpft glücklich zwischen den Kissen und der alten Tapete und den ganzen Füßen unter der Decke.
Kurz vor dem Einschlafen sagte Maty: »Francis, warum hast du richtiges Bettzeug, hast du vor hier wirklich zu leben?«

Ada ist die zweite Person von rechts. Ich stehe links von ihr. Eigentlich ist sie noch ein bisschen kleiner als ich, aber das Hemd, das sie um den Kopf hat, ist dicker als meins. Stell dir vor, wir sind auf einem kleinen Schiff. Kurz vor dem Foto ist ein Kreuzfahrtdampfer vorbeigefahren. Ein Lautsprecher hat von der Biennale erzählt. Wir haben wild gewunken, und die Passagiere auf dem ersten Deck haben uns glücklich zurückgegrüßt.

Der Streifen Land, der die Lagune vom Meer trennte, war wirklich nicht weit entfernt. Zu Fuß hätte man es in einer halben Stunde geschafft. Angenommen, man wäre fähig auf Wasser zu laufen. Am ersten Wochenende im Mai sind wir auf eine der kleinen Inseln gefahren. Es gab Wiesen dort mit Gras so hoch, dass wir uns nicht mehr sahen, wenn wir uns hinlegten, wir versanken alle darin, wussten nur durch unsere Stimmen, wo der andere war. Hannes hatte einen alten Bettüberwurf mitgebracht und warf ihn in die Luft, so dass er sich langsam auf das Gras senkte, Francis begann Pappbecher und Plastikteller aufzustellen, und dann sagte sie, ganz auf die Becher konzentriert, die immer wieder umfielen, »Hannes, bevor du hierher gekommen bist, was hast du gemacht?«

Ich habe nie jemand so aufmerksam schweigen gesehen wie Hannes. Manchmal, wenn man ihm eine Frage stellte, schwieg er so lange, und blickte einen dabei so fest an, dass man sich fragte, ob am Ende er derjenige war, der etwas gefragt hatte, nicht man selbst.

Jonathan, erinnerst du dich an die ersten Nächte, die wir gemeinsam verbracht haben? Ich habe auf jeden deiner Atemzüge gelauscht, wie ein einsames Kind auf die mütterlichen Schritte im Flur, in der Hoffnung, er würde mir etwas über dich erzählen. Mein Körper hat ein Alarmsystem entwickelt, das auf die kleinste Regung von dir reagierte. Ich habe mir schwach vor Müdigkeit gesagt, ich würde über deinen Schlaf wachen. Ich habe hier aufgehört in der Stille nach Erklärungen zu tasten.

Der Himmel war hellblau an dem Tag und der Wind war stark und riss an den langen Gräsern und an den dünnen Wolken.
Hannes hatte immer noch nicht geantwortet. Ada setzte sich auf und nahm die Weinflasche in die Hand, ihre Haare hingen voller weicher Nesteln und Grashalme, »Hannes hat Kirchen angesehen, alle Kirchen im Land die er noch irgendwie in Reich-

weite bekommen konnte«, sie hob die Flasche in die Höhe und in der andern Hand den leeren Plastikbecher, und brach in ein zuversichtliches Lachen aus, »und überall hat er das Verhältnis der Seitenschiffe zum Mittelschiff und die Größen der Sakristei und des Chors verglichen.« Sie lachte und goss den Wein halb in den Becher und halb über den schimmernden Bettüberwurf. Hannes sagte: »Liebe Ada,« und dann wartete er und es hätte alles kommen können. Ada zog die Augenbrauen hoch, mit spitzem Mund, hob ihm ihr Glas entgegen und Hannes holte Luft und schüttelte dann den Kopf: »Liebe Ada, das muss jetzt nicht sein, oder.«

Maty ist einfach zu erkennen. Er ist der lange dunkle Schatten auf der rechten Seite. Er sieht immer direkt in die Kamera. Oft ist sein Blick sehr erstaunt. Ich denke, das ist, was ich am meisten an ihm mochte. Dass er von dem kleinsten Ding so begeistert war, als wäre es gerade vor seinen Augen zum ersten Mal auf dieser Welt erschienen. Auf dem Bild sieht man das nicht.
Maty stand nie im Mittelpunkt wenn wir alle gemeinsam waren, aber jeder von uns richtete still einen Teil seiner Aufmerksamkeit auf ihn, auf seine bloße

Anwesenheit, die nie vorhersehbar war, es trieb ihn eher wie zufällig zu uns. An dem Nachmittag auf der Insel, auf der schimmernden Decke im Gras sprang er auch sehr plötzlich auf, warf einen langen Schatten über uns und sagte: »Lasst uns gehen«. Francis sah fassungslos gegen das Sonnenlicht, in dem er stand, sagte: »Was, Maty, wohin, wir sind gerade angekommen.« Hannes hatte seine Augen scheinbar vorsichtig wartend geschlossen. Ada zündete sich eine Zigarette an und zog die Augenbrauen hoch: »Wohin, Maty, in den Zoo?«

Vielleicht trittst du ans Fenster, Jonathan, und beobachtest die Menschen im Haus gegenüber. Vielleicht ist aber der Baum vor deinem Fenster auch schon so dicht, dass du sie gar nicht mehr siehst. Vielleicht löst du dich langsam von der Fensterbank und deine Haut hat den Geruch von Gewitterluft angenommen. Vielleicht findest du die Stelle an der du aufgehört hast zu lesen nicht mehr und du liest eine Stelle zweimal. Das ist nicht schlimm. Auf diese Weise haben wir auch die Stadt gelesen.

Ich war nie allein, keiner von uns war wirklich je richtig allein, denke ich, nicht einmal Hannes, wenn er so viel geschwiegen hat, und auch nicht Maty mit seinen einsamen Wanderungen. Ada war immer bei mir, wir stiegen nachts auf die Dächer mit Tee und Zigarette in der Hand und wunderten uns über die Stadt. Von oben konnte man fast meinen, sie sei normal, wir erfanden dann Straßen und Gehsteige und Fahrradfahrer, sogar ein Pferd. »Ein Pferd hier, stell dir vor, ein Pferd in Venedig.« Wir lachten und bliesen den Rauch über die Dächer. »Aber dann«, sagte sie, »was ist seltsamer, sich vorzustellen, dass dort unten ein Pferd um die Ecke biegt, oder dass zwei Meter von deiner Haustür ein kleines Boot liegt?«

Tatsächlich vergaßen wir das Boot für eine Weile, der April verging, wir waren oft unterwegs, fanden unseren Weg durch die Gassen bald blind, lernten andere Leute kennen, unternahmen Dinge getrennt voneinander, aber ich hatte das Gefühl, dass das meiste davon erst an Schönheit und Gültigkeit gewann, wenn wir es unter der roten Lampe an Francis Küchentisch voreinander auslegten. Das Boot fiel uns wieder spät im Mai ein, als bereits Kreuzfahrtschiffe wie Vorboten des Weltuntergangs hinter den schmalen Kirchtürmen und schiefen Palazzi erschienen. »Das ist das Ende«, meinte Ada einmal bei ihrem Anblick, die ganze Stadt erschien im Schatten der zehn Stockwerke Touristen und der kreischenden Möwen, die den Dampfern vom Meer folgten, wie die alte Kulisse eines Puppentheaters. Francis sah diesen Schiffen immer ratlos hinterher. »Wir müssen endlich das Boot nehmen«, sagte sie. Hannes biss sich auf die Lippen. »Wie, unser Boot gegen die Kreuzfahrtschiffe?«

Francis ist sehr schön. Sie wiegt den Kopf langsam hin und her, wenn sie redet, und schnell, wenn sie lacht. Manchmal trägt sie auch Ohrringe, die klingen wie ihre Armreifen.

Wir haben das Boot an einem der letzten Abende aus dem Kanal gezogen. Erst ist das Seil gerissen, und Francis ist auf den glatten Steinstufen fast ausgerutscht. Ada hat geflucht, nie im Leben hätte sie gedacht, dass Boote so schwer sein können. Von der anderen Seite des Kanals haben Touristen ihre Kameras angesetzt. Francis hat verbissen gezogen und Hannes hat Francis festgehalten. Maty stand hinter mir, und auf einmal wusste ich, dass er kurz davor war wegzulaufen, als hätte seine Entschlossenheit leise Zeichen in meinen Nacken gemalt. Ich habe mich zu ihm umgedreht, und er hat sehr unbewegt gesagt: »Wir können jetzt nicht einfach gehen, oder?« Es war fast ein Flüstern. Trotzdem hat Hannes es gehört und Hannes hat Francis losgelassen und Francis, die das Boot an der Seite die steinernen Stufen hochgezogen hat, ließ das Boot los und das Boot schlug auf der untersten Stufe auf und es gab einen Knack und Ada hat geschrien, und ich sah auf Matys gelassenes Gesicht und dann auf seine offenen Schuhbänder und Maty, ich weiß nicht, wo er hingesehen hat.

Ich wüsste gerne, auf wie vielen Touristenfotos wir an diesem Abend zu sehen sind. Die Leute sind stehen geblieben, als wir durch die Gassen liefen. Francis hatte blutige Hände, und über Adas Gesicht rannen für eine ganze halbe Stunde Tränen, sie schrie: »Ich bin so müde«, und dann lachte sie und weinte noch mehr. Jeder von uns trug ein paar von den Bootsplanken, Hannes trug die meisten. Francis hatte Maty gesagt, er solle sich die Schuhe binden und Maty hat gesagt, nie werde er seine Schuhbänder hier binden, der Boden stinke nach Taubendreck. Und: »Los jetzt, lasst uns gehen.«
Wir sind nicht gegangen, wir sind geschritten, wir haben alle Matys Bewegungen nachgemacht, und sind

mit hochgerecktem Kopf und verschmiert mit Algen und Lagunendreck durch die Touristen marschiert.

Wir haben das kleine Schiff über die Lagune zum Meer hin genommen und uns alle unsere verschmierten Hemden und Pullover um die Köpfe gewickelt, wir standen halb nackt mit blauen Brettern in den Armen auf dem Boot, Ada hat immer noch geweint und Francis hat ihre Arme hochgerissen und die silbernen Armreifen haben fast den Motor des Bootes übertönt, sie hat so laut gelacht und die Sonne ist hinter Venedig untergegangen und Hannes hat gesagt: »Das ist der Zoo, Ada, das hier ist der Zoo!« und eine Dame mit Kühltasche hat ihren kleinen Jungen zu sich gezogen und Maty hat sich zu einer alten Frau gedreht und gesagt: »Sehen Sie, wir machen jetzt ein Feuer, ein Lagerfeuer, deshalb die Bretter«, ernsthaft, mit seinen Händen auf den Resten unseres Bootes. Ich denke die Frau hat ihn verstanden.

Bist du immer noch in deinem Zimmer, Jonathan? Ist das Licht inzwischen so blass, dass du deine Augen anstrengen musst beim Lesen? Warst du überhaupt in deinem Zimmer? Vielleicht ist ein Gewitter

gekommen und der Wind hat dunkelgrüne Blätter auf deinen dunklen Fußboden getrieben und dann hat er das Fenster zugeschlagen, so dass du die Straße nicht mehr hörst.
Ich habe dir das Bild genau erklärt, Jonathan. Vom Blau am linken Bildrand bis zu Matys langem Schatten rechts. Hannes wiederholt sich, wenn er sagt, es ist überbelichtet und man erkennt nichts. Daran liegt es nicht. Als im Februar noch Nebel war, hat Ada fünf hölzerne Pfähle in der Lagune fotografiert. Das Bild ist sehr hell, und ein wenig blau am linken Rand. Ich habe es in einen Umschlag gesteckt, um es dir zu schicken, morgen noch, habe ich mir gedacht, aber auf dem Weg zum Briefkasten lag Francis' Wohnung.
Das Blau des Bootes war so schön, weil die Farbe blätterte, und jeden Tag wurden die Risse und Linien länger. Ich habe dir nicht die Wahrheit gesagt, Jonathan. Du hast deine Schritte durch dein Zimmer gemacht, als ich schon fast deinen Namen vergessen habe.

Ich schreibe, weil ihr es nicht anders verdient habt.

DAVID VONDRÁČEK, geboren 1984 in München. Abitur am musischen Gymnasium, Studium Musikwissenschaft, Deutsch als Fremdsprache und Slavistik an der LMU München. Zuvor Studium Lehramt Musik mit den Instrumenten Klavier und Schlagzeug an der Hochschule für Musik und Theater München und an der Karlsuniversität Prag.

DIE SCHONFRIST
EINE HEIMKEHRERGESCHICHTE
VON DAVID VONDRÁČEK

Als ich nach längerem Auslandsaufenthalt nach Deutschland zurückgekehrt war, als, nachdem mein Flugzeug pünktlich, wie es sich gehört, auf deutschem Boden, genauer gesagt der Landebahn 3 des Münchner Flughafens Franz Josef Strauß aufgesetzt hatte, ich mit dem schaukelnden Strom meiner Mitreisenden, noch ein wenig schlaftrunken nach mehrstündigem Flug, mich an die Gepäckausgabe, dann Passkontrolle habe spülen lassen, auch diese hinter mir gelassen hatte und endlich in die Weite des Terminals trat, blieb ich stehen und nutzte diese erste Gelegenheit, um durchzuatmen, mich umzusehen, dabei zum ersten Mal auch wahrzunehmen und meiner neuen alten Umgebung innerlich leise Hallo zu sagen. Da bemerkte ich erst die Veränderung. Der Flughafen schien mir völlig leer. Die schnatternde Menge aus dem Flugzeug hatte sich so schnell aufgelöst, so schnell im Halbdunkel irgendwelcher entfernten Winkel verkrochen, dass man denken konnte, sie wäre auf der Flucht. So sah es hier normalerweise erst spät nachts aus oder in den frühen

Morgenstunden. Die einzigen Menschen außer mir waren vereinzelte trübe, krumme Gestalten; sie waren alle zu weit weg, als dass man ein Gesicht erkennen konnte, deswegen störten sie die Leere nicht. Vielleicht ein Streik, dachte ich. Ich sah aber, dass der Betrieb der, die Ankünfte und Abflüge verkündenden digitalen Anzeigetafeln, ungestört war.
Draußen sah ich zwei Polizisten in blauen Uniformen, die durch die Scheibe hereinstarrten. Ich fühlte mich immer unwohler, als täte ich etwas Verbotenes, doch tat ich nichts weiter, als dazustehen und mich umzusehen. Es konnte keinen Zweifel geben, ihre Aufmerksamkeit galt tatsächlich mir, sie kamen in die Halle und bewegten sich hastigen Schrittes auf mich zu. Ich blieb und setzte fort, was ich tat: Nämlich nichts – ich hatte nichts zu befürchten.
Nicht nur die Uniformen, sogar ihre Gesichter wirkten blau. Gepresst sagte der erste, ohne Gruß: »Was tun sie hier?«
Ich: »Nichts.«
»Doch!«, rief er anklagend, »Sie atmen!«
Vor Schreck fiel mir nichts anderes ein, als ihn anzusehen und weiterzuatmen. Mit offenem Mund stand ich da und sah ihn an, während der Beamte hastig seine Lippen wieder aufeinanderpresste.

»Ist das verboten?«, fragte ich und dachte dabei noch, jetzt würden sie gleich lachen, denn die einzige Antwort konnte sein: Natürlich nicht.

Der Polizist, der das Wort mir gegenüber ergriffen hatte, wurde unruhig. Er stierte mich an und ich glaubte dabei seine Zähne knirschen zu hören. Gleich würden seine Augen aus dem Schädel hervorquellen.

Mir begann es zu dämmern.

»Hören Sie. Sie sind doch Deutscher. Ihnen sollte bekannt sein, dass aufgrund des Beschlusses der Bundesregierung seit dem 1.1.2012 das Atmen in der Öffentlichkeit, das heißt in öffentlichen Gebäuden, in Gaststätten, Bars, Diskotheken, Swingerclubs, an Bahnhöfen und an Flughäfen in elf Bundesländern verboten ist. In Schulen und Krankenhäusern ist es schon seit 2011 verboten.«

»Ja, aber ...«

»Zuwiderhandlung wird mit Bußgeld bestraft. Wir könnten jetzt fünfhundert Euro von ihnen verlangen, wir tun es aber nicht. Sie brauchen sich nicht zu bedanken, es herrscht eine sechswöchige Übergangszeit. Das ist das übliche Prozedere. Noch.«

»Also, Sie wissen Bescheid. Bayern hat das strengste Nichtatmergesetz. Sie haben noch eine Woche Zeit, sich umzustellen, sollten wir Sie dann noch mal beim Atmen erwischen, dann wird's richtig teuer«, sagte der andere. Sie holten beide tief Luft, dann wandten sie sich Richtung Ausgang und stürzten davon.

Ich dachte gar nicht dran, mir das Atmen verbieten zu lassen! Als ich mich wieder einigermaßen gesammelt hatte, ergriff ich meinen Koffer und machte mich auf den Weg zum Transrapid, dabei weiter atmend wie bisher. Ich spürte, wie ich zum Zentrum der Aufmerksamkeit an diesem Flughafen geworden war, ich spürte, wie die Augen der wenigen fernen, dunklen Gestalten an mir hafteten. Ich ging an einigen Ständen vorbei, an denen Kaffee, Essen in Folien, Erfrischungsgetränke und Zeitschriften verkauft wurden. Die Verkäufer standen mit verkrampften Gesichtern, manche hielten sich die Nase zu, manche bissen sich auf die Lippen, an ihren Kassen und alle blickten ängstlich und unglücklich drein, musterten mich ganz genau und schüttelten über mich den Kopf.

»He, hier wird nicht geatmet«, hörte ich hinter mir.

»Hast du nicht gehört? Du kannst draußen weiteratmen!«

»Hast du verstanden?«

»Das gibt's doch nicht, er atmet immer noch!«

»Wir sind hier in Deutschland. Bei uns wird nicht geatmet!«
»Scheiß Ausländer!«
Ich ging immer schneller. An der Rolltreppe, die zum Transrapid-Bahnsteig hinunter-/hinaufführte stand ein Grüppchen Menschen, die schnauften wie nach einem Tausend-Meter-Lauf, in einem gelb markierten Bereich wie auf einem Podest ausgestellt. Darüber war ein Schild angebracht, das in verschiedenen Sprachen das Atmen an dieser Stelle ausnahmsweise erlaubte. Selbst sie töteten mich mit ihren Blicken. Sie konnten es nicht fassen, dass ich die Frechheit besaß, in aller Seelenruhe atmend an ihnen vorbeizugehen (wobei ich gar nicht mehr so ruhig war, wie ich mich bemühte zu wirken) und auch noch, als ich die Rolltreppe hinunter-/hinauffuhr, atmete, wie es mir gefiel.
Mein Spießrutenlauf war beendet. Ich kam in meine alte Wohnung, die halbleeren Räume, die der Zwischenmieter zurückgelassen hatte, wenigstens der Fernseher war da und die Heizung heizte, was wollte man mehr. Noch nie hatte ich die Straßen so leer gesehen. Ich machte den Fernseher an und schenkte nichts anderem mehr an diesem Ort Beachtung. Im Fernsehen sprach man natürlich über

das Anti-Atmer-Gesetz. Wie Atmen unsere Umwelt verpeste. Lästige Mundgerüche in der Öffentlichkeit gehörten jetzt der Vergangenheit an. Sauerstoff werde gespart, weniger CO_2 produziert, Energie gespart durch reduzierten Lüftungsaufwand. Und vor allem seien jetzt alle glücklich.

Als es Abend wurde, machte ich mich auf den Weg zu meiner einstigen Stammkneipe. Das Geplapper im Fernsehen hätte ich ohnehin nicht viel länger ertragen. Beim Eintreten war nichts mehr zu spüren von der früheren Muffigkeit. Noch etwas hatte sich verändert: Das Lokal war komplett leer. Nur an einem einzigen Tisch saß ein einziger Gast. Dort, wo er schon immer gesessen hatte, saß der alte Jaromír. Er war ein wenig rund geworden, hatte einen guten Anzug, aber offenbar immer noch keine Frau gefunden, die ihn wollte, sonst hätte er nicht hier gesessen.

Er erkannte mich gleich, obwohl ich so lange fortgeblieben war, es wurde eine recht herzliche Begrüßung. Wir konnten es nicht verhindern, nach einiger Zeit kamen wir auf das Atmen zu sprechen. Es entstand ein Moment peinlicher Stille.

»M-hm, ich sehe, du hältst dich nicht dran«, sagte er.

»Du atmest doch auch«, entgegnete ich.

»Früher«, sagte er, »früher habe ich geatmet.«
Die Bedienung kam, ich bestellte ein Bier. Jedoch keine Reaktion, nicht einmal kritisch angeschaut wurde ich, man sah einfach an mir vorbei.
»Es dürfen doch jetzt keine alkoholischen Getränke mehr ausgeschenkt werden«, sagte Jaromír und bestellte hilfsbereit ein Glas Wasser für mich.
»Aber bitte mit Kohlensäure«, sagte ich.
»Ohne Kohlensäure«, sagte Jaromír, »Kohlensäure ist verboten. Kohlensäure schadet der Gesundheit. Und der Umwelt.«
Die Bedienung entfernte sich. Da erst fiel mir auf, dass keinerlei Musik lief.
»Verboten«, sagte Jaromír und wollte zur Erklärung ansetzen, doch ich kam ihm zuvor: »Ja«, sagte ich, »ich weiß, schadet dem Gehör.«
»Merkst du nicht, wie egoistisch du bist?«, fuhr Jaromír fort, »du kannst hier nicht einfach reinkommen und den anderen die Luft wegatmen. In Zeiten von Kyoto, da kann nicht jeder mit seinem CO_2 die Umwelt verpesten, wie er will. Weißt du, wie du dich verhältst? Antisozial!«
»Glaubst du etwa, was die im Fernsehen sagen? Meinst du nicht, dass da was falsch läuft? Beunruhigt dich das nicht? Wer kann denn so was wollen?«,

rief ich, auf vergeblicher Suche nach Verbündeten.
»Darum geht es doch gar nicht. Es kann nicht jeder machen, was er will. Regeln sind dazu da, dass sie befolgt werden, wo kämen wir da hin, da würden wir wieder bei den Affen landen. Ich bin glücklich über das neue Gesetz. Du wirst dich schon noch dran gewöhnen.«
»Du atmest doch auch!«
»Nein, ich atme nicht«, behauptete er mit kindlicher Sturheit.
»Und was ist mit Sprechen? Sprichst du ohne zu atmen?«
»Das sind doch alles Lügen und Ammenmärchen«, rief er, »dass man Luft zum Leben braucht. Nichts ist wissenschaftlich bewiesen! Das haben sich die im Ausland ausgedacht, die wollen uns mürbe machen, die wollen doch eh nur alle unser Geld!«
»Jaromír, wenn du nicht atmen würdest, wärst du jetzt tot. Sind wir schon eine Gesellschaft Toter?«
Dann kam erneut der Kellner und bat mich, mit dem Atmen aufzuhören.
Ich entgegnete, das absolute Atemverbot gelte erst ab der nächsten Woche, er hätte also gar nichts in der Hand, wenn es mir gefiele weiterzuatmen. Im Moment geschehe alles auf freiwilliger Basis.

»Entweder Sie hören auf zu atmen oder Sie verlassen das Lokal! Eins davon oder ich rufe die Polizei!«

»Ich tue doch keinem was! Sehen Sie mich an: Ich tue gar nichts. Ich sitze einfach nur da, trinke ein stilles Wasser und atme. Und deswegen erklären Sie mich zum Kriminellen? Ich könnte doch keiner Fliege was zuleide tun!«

»Sie sagen es selbst! Sie atmen! Sie sind ein Sicherheitsrisiko. Ein potenzieller Terrorist.«

Jaromír sah mich mit seinen einfachen Augen an. Er wirkte erschöpft und müde. Entweder ich würde dem Herrn Folge leisten oder er würde sich an einen anderen Tisch setzen. Das hier sei sein Stammlokal und ich würde gerade seinen Stammplatz in Gefahr bringen.

Ich sagte nichts mehr. Ich hatte nur noch das Bestreben, diesen verwünschten Ort zu verlassen. Wütend packte ich meinen Mantel und stürzte aus dem Lokal, hinaus in die Kälte.

Von draußen sah ich durch die breite Fensterfront, hinter der Jaromír saß, wie der Kellner zu ihm zurückkam, mit dem Finger auf ihn zeigte und etwas rief.

Er treffe sich mit Atmern, wurde ihm vorgeworfen, so ein Laden sei das hier aber nicht und er ruiniere ihm noch das Geschäft.

»Du gehörst doch auch zu denen! Du atmest doch auch!«, rief er.
»Nein!«, rief Jaromír, »ich atme nicht!«
»Ich seh es doch, dass du atmest«, schrie der Kellner. Er beugte sich ganz nah an Jaromír heran und betrachtete seine Nüstern, lauernd auf den nächsten Atemzug. Jaromír wollte beweisen. Er saß ganz starr, ohne eine Regung, wie ein Monolith. Ich sah von draußen zu. Nichts änderte sich, außer dass nach einiger Zeit das Blut aus Jaromírs Gesicht wich, seine Lippen blau wurden und er schließlich zusammenbrach und seitwärts vom Stuhl auf den Boden kippte. Da lag er, griff sich verzweifelt an die Kehle und japste nach Luft. Als das der Gastwirt sah, rief er: »Du atmest doch, du Sau! Du atmest ja doch!« Und er begann Jaromír zu treten, in den Bauch, gegen den Kopf und ins Gesicht, wieder und wieder, so stark, dass das Blut bis ans Fenster spritzte. Das wollte ich nicht länger mitansehen. Ich ging.
Auf meinem Heimweg beobachtete ich entsetzt, wie ein Gaststättenbetreiber die Leiche eines konformen Gastes, der, wie erwünscht, freiwillig aufgehört hatte zu atmen und daran gestorben war, zur Tür hinauswarf. Als sich an drei, vier weiteren Gaststätten, die ich passierte, das Szenario wiederholte,

nahm ich keinen Anstoß mehr daran und stieg einfach über die Toten, deren wachsende Anzahl die Straßen säumte, ohne sie zu beachten, man gewöhnt sich so schnell an neue Umstände und an Leichen. Zu Hause hörte ich im Radio, wie der Bundesinnenminister von den überwältigenden Erfolgen und der breiten Akzeptanz der neuen Gesetze sprach. Vom Erfolg beflügelt hätte man für nächstes Jahr ins Auge gefasst, weitere Neuerungen vorzunehmen, die es ermöglichen sollen, das Essen und das Trinken zu verbieten und das Lachen und das Weinen.

INHALTSVERZEICHNIS